Sibylle Krause-Burger

Wie Gerhard Schröder regiert

Bundeskanzler Gerhard Schröder bei seiner Vereidigung am 27. Oktober 1998.

Sibylle Krause-Burger

Wie Gerhard Schröder regiert

Beobachtungen im Zentrum der Macht

Deutsche Verlags-Anstalt Stuttgart München

Die Deutsche Bibliothek – CIP-Einheitsaufnahme
Ein Titeldatensatz für diese Publikation ist bei
Der Deutschen Bibliothek erhältlich

Typographische Gestaltung: Brigitte Müller
Satz: Sabon und Frutiger (QuarkXPress) im Verlag
Druck und Bindearbeit: Friedrich Pustet, Regensburg
Diese Ausgabe wurde auf chlor- und säurefrei gebleichtem,
alterungsbeständigem Papier gedruckt.
Printed in Germany

ISBN 3-421-05397-9

Inhalt

Inhalt

Vorbemerkung

Die Idee für dieses Buch wurde geboren, als Gerhard Schröder gerade das Tal der Tränen des ersten Jahres seiner Amtszeit durchschritten hatte. Noch war nicht klar, ob er seinem Anspruch als Modernisierer, der die Erstarrungen von Politik und Gesellschaft in Deutschland aufbrechen wollte, auch nur entfernt gerecht werden könnte. Das Image des Spaßkanzlers, der in Brioni-Anzügen posierte, haftete ihm weiter an. Auch war er vom Wahlgewinner des Herbstes 1998 in den Monaten danach zum Wahlverlierer in verschiedenen Landtagswahlen und bei der Europawahl geworden, die allesamt – als Reaktion auf den schlingernden Kurs der Bundesregierung – traurige Ergebnisse für die Sozialdemokraten erbrachten. Daß er mit seiner rot-grünen Koalition scheitern könnte, schien nicht ausgeschlossen.

Und doch gab es auch Signale, die von einer Wandlung kündeten. Nach der Unsicherheit der ersten Zeit, als Gesetze überhastet verabschiedet und anschließend nachgebessert wurden, lagen zu dem Zeitpunkt, als ich über dieses Buch nachdachte, immerhin zwei ebenso klare wie wesentliche Entscheidungen vor. Das Duumvirat Schröder-Lafontaine war beendet. Der Kanzler hatte sich durchgesetzt. Und Bodo Hombach, bis zum Sommer 1999 Staatsminister und Störfaktor im Kanzleramt, war als EU-Koordinator für den Wiederaufbau in Richtung Balkan verabschiedet worden.

Die erste Weichenstellung hatte Gerhard Schröder von einem Rivalen befreit, die zweite von einem lästigen Freund. Endlich konnte er ohne beständige Irritationen darangehen, sich seinen Vorhaben zu widmen. Und Kanzleramtschef Frank-Walter Steinmeier wurde nicht mehr daran gehindert, dem Willen der Bundesregierung einen schnellen Weg zur Tat zu bahnen.

Wie also würde es weitergehen? Was steckte hinter dem neuen Kanzler, der bis dahin kaum mehr als sein Talent zur Macht und seine Begabung im Umgang mit den Medien bewiesen hatte? Gab es Anzeichen für ein Scheitern? Oder würde er nun – nach einer Schonfrist des Eingewöhnens, von der Helmut Schmidt einmal gesagt hat, sie könnte Jahre währen – mit dem Regieren endlich richtig beginnen? Und welches wäre dann sein Führungsstil?

Es war Neugier, die mich zu diesem Buch anregte. Um zu sehen, wie Gerhard Schröder arbeitet, wie er in Berlin und in der Welt zurechtkommt, wollte ich ihn über einen längeren Zeitraum beobachten, ihm beim Regieren gewissermaßen über die Schulter schauen. Das zog sich von Februar 2000 bis zum Juli desselben Jahres hin. Ich begleitete den Kanzler im Amt und im Reichstag, ich saß in seiner engsten Beraterrunde, der »Morgenlage« vor der Kabinettssitzung, und war bei ihm zu Hause, als er Gäste zum informativen Gespräch geladen hatte; ich reiste mit ihm durch die Bundesrepublik und ins Ausland; ich sprach mit seinen Mitarbeitern, mit Ministern, mit seiner Frau und mehrmals ausführlich mit ihm selbst. Bei alledem ging ich zumeist einen Weg von der Beschreibung der äußeren Erscheinungen von Personen und Ereignissen bis zur Wahrnehmung innerer Strukturen und Beweggründe.

Was dabei herausgekommen ist, erhebt keinerlei Anspruch auf Endgültigkeit oder Vollständigkeit. Das Verhältnis Gerhard Schröders zu seiner Partei und seiner Partei zu ihm – das freilich schon oft beschrieben worden ist – gestaltete sich in dem Zeitraum meiner Begleitung problemlos, wurde also nicht zum besonderen Thema, klingt aber dennoch in dem einen oder anderen Kapitel an. Auch war ich nicht ständig an der Seite des Kanzlers. An vertraulichen Gesprächen und Verhandlungen oder an Kabinetts- und Fraktionssitzungen konnte ich natürlich nicht teilnehmen. Trotzdem hatte ich Gelegenheit, viele Momentaufnahmen aus der Nähe zu machen. Sie zeigen Gerhard Schröder in mancherlei Verfassung und bei den verschiedensten Anlässen und Aufgaben; sie zeigen auch, wie er sich mit den größeren Zwecken verändert. Und sie zeigen ihn jetzt: zwei Jahre, nachdem er Helmut Kohl im mächtigsten Amt der Republik abgelöst hat. Da sind noch manche Fragen offen.

Mein Mittel ist im wesentlichen die Reportage, von der ausgehend ich aber auch tiefere Blicke wage. So kann der Leser tatsächlich erkennen, wie Gerhard Schröder regiert, aber er wird auch sehen, was für ein Mensch dieser Bundeskanzler ist.

Stuttgart, im August 2000 *Sibylle Krause-Burger*

Mit dem Bundeskanzler unterwegs

Landeverbot in Frankfurt

Wenn Helmut Schmidt ein Flugzeug der Luftwaffe betrat, um durch Deutschland oder in die Welt zu reisen, dann nahm selbst die allerletzte Schraube in den Fugen des Jets noch Haltung an. Aus dem Bordlautsprecher ließ der Kommandant eine zackige Begrüßung an die Adresse des Herrn Bundeskanzlers ertönen. Man war hör- und spürbar in Haupt- und Staatsdingen unterwegs.

Ging Helmut Kohl mit einem Hubschrauber vom Typ BGS-Puma auf Tour, so entwickelte sich seine Ankunft in der Maschine unter eilfertiger Mithilfe der Sicherheitsknappen zum Bequemlichkeitszeremoniell eines barocken Fürsten: Schuhe aus, Jacke aus, Hosenträger runter, Hemdenknopf auf, Beine auf den gegenüberliegenden Sitz gelegt. Majestät geruhte, sich in ferne Gefilde zu begeben, und wünschte dabei, jeden möglichen Komfort zu genießen.

Gerhard Schröder aber kommt nur als er selbst in die kleine Challenger der Luftwaffe. Es ist zehn Minuten nach acht an einem Freitagmorgen. Ende einer anstrengenden Woche. Keine gute Zeit für den Mächtigen. Gestern abend, im Kreise von Gewerkschaftern und deren Frauen, ist es spät geworden. Heute mußte er früh aufstehen, weil seine Frau schon vor sieben Uhr das Haus verließ und das gemeinsame Frühstück nicht ausfallen sollte. So erleben wir einen morgenmuffeligen Kanzler. Sein Gesicht hat sich nach dem Schlafen noch nicht recht aufgefaltet. Überhaupt wird er, wie er später gesteht, erst um zehn Uhr am Vormittag richtig wach. Reden mag er jetzt nicht viel. Zur Begrüßung quetscht er gerade mal ein paar mißmutige Laute zwischen den Lippen hervor, etwa die Klage über das frühe Aufstehen, dazu die Frage, ob »was los« sei. Und schon hängt er, zumal nichts Wesentliches ansteht, in seinem Sessel, den Kopf zum Gang hin abgeknickt, gähnt und döst wie Otto Normaldienstleister morgens um sieben in der U-Bahn.

Unser Ziel ist Frankfurt am Main. Dort will der Bundeskanzler die Konsumgütermesse »Ambiente« in der Frankfurter Oper eröffnen. Anschließend soll er mit dem Vorsitzenden der Rosenthal-Gruppe zu Mittag essen. Doch daraus wird nichts. Während des Fluges hat sich das Wetter dramatisch verschlechtert. Es stürmt und schneit. Wir dürfen nicht landen. Der ganze Airport ist gesperrt. »Für eine Stunde haben wir noch Sprit«, sagt die Stewardeß, »wir könnten erst einmal kreisen. Vielleicht ist der Flughafen dann frei.« Diese Bemerkung, verbunden mit der Frage an den Kanzler, was nun geschehen soll – »Sie müssen das entscheiden!« –, macht ihn vorübergehend putzmunter. »Und wenn wir dann immer noch nicht landen dürfen?« witzelt der Angesprochene, plötzlich hellwach, »fallen wir dann runter?« Natürlich fliegen wir nach Berlin zurück.

Zwei Stunden Leerlauf im Zentrum der Macht. Gerhard Schröder ist gleichwohl gelassen, verfällt auch jetzt nicht in aufgeregte Aktivitäten. Ganz im Gegenteil. Er wird sich noch einmal eine Stunde lang ausruhen, wird wieder ein bißchen einnicken, wird in Gedanken vielleicht den nächsten Coup gegen die Union aushecken, wird kurz in einer Berliner Zeitung blättern, wird auch die schriftliche Fassung eines Interviews, die ihm Béla Anda, der stellvertretende Regierungssprecher, in die Hand gedrückt hat, schnell überfliegen, wird eine kleine Korrektur anbringen und den Text danach absegnen. Kurz

*Der Neue und sein Vorbild:
Gerhard Schröder und Helmut Schmidt, zwei sozialdemokratische Bundeskanzler, bei einem Empfang im Schloß Bellevue am 2. Mai 2000 aus Anlaß des 80. Geburtstages von Richard von Weizsäcker.*

darauf landen wir zu unserem Erstaunen bei schönstem Sonnenschein auf dem militärischen Teil des Flughafens Tegel. Kein Unwetter weit und breit. Der Tag kann sich endlich daran machen, den Regierenden zu verschlingen.

Einkehrschwung zu »Lubitsch«

Zunächst nehmen den Kanzler interne Gespräche in Anspruch, an denen man als Journalist nicht teilnehmen darf, deren Auftakt und Ende allenfalls vom Flur aus zu beobachten sind. Also sitze ich erst einmal in einem der Sessel vor den Büros im alten Staatsratsgebäude, wo das Kanzleramt bis zur Fertigstellung des Neubaus untergebracht ist, wo nur ein paar herrliche Gemälde – von Emil Schumacher oder Erich Heckel – die restsozialistische, bräunlich eingetauchte Düsternis der Flure aufhellen und wo die Regierungsmaschine erstaunlich leise vor sich hin surrt.

Ab und an geht Gerhard Schröder mit langen, schwingenden Schritten über den Gang, mal mit Zigarre, mal ohne, verschwindet erst in diesem, dann in jenem Zimmer oder moniert, daß der Dolmetscher für ein deutsch-englisch zu führendes Telefonat noch nicht da sei. Ja tatsächlich: er ist es, der sich bewegt, der seine Mitarbeiter aufsucht, der auch den Gast zu einem Gespräch in seinem Büro persönlich abholt. Kein Chef also, vor dem Besucher und Berater antanzen müssen. Auch niemand, der ein Gegenüber – Helmut Schmidt war darin Spezialist, und Hans-Dietrich Genscher hat es ihm ewig verübelt – auf der anderen Seite des Schreibtisches, in untergeordneter Stellung, Platz nehmen läßt.

Mit Gerhard Schröder hingegen sitzt man auf derselben Augenhöhe am Konferenztisch. Auch mit Helmut Kohl saß man in entsprechend angenehmen Arrangements von gleich zu gleich: Und auch er – im Gegensatz zu seinem Vorgänger – ließ nicht warten. Die Zeiten der Feldherrnhaftigkeit im Kanzleramt sind also längst vorbei. Gerhard Schröder muß niemanden einschüchtern, will es, kann es vielleicht auch gar nicht.

»Wir kennen uns lange. Er ist ein umgänglicher und lieber Mensch«, sagt Marianne Duden, die Sekretärin, die schon Helmut Schmidt gedient hat und weiß, daß der Umgang mit jenem um ein Quentchen anstrengender war. Diesen hier erlebt sie als »pflegeleichter«. Auf Bitten Gerhard Schröders und auf Anraten ihres ehemaligen Herrn und Meisters, für den sie auch nach den Kanzlerjahren weiter arbeitete, sitzt sie nun wieder im Vorzimmer eines sozialdemokratischen Regierungschefs und lenkt Schröders Terminabfolgen freundlich, bestimmt und in jenem altvertrauten, singenden bönnschen Ton, der inzwischen durch so viele Berliner Amtsstuben summt.

Die Arbeitsstunden im Kanzleramt ziehen sich jetzt nicht mehr ganz so spät in die Nacht wie zu Schmidts Zeiten. Im Vergleich zu jenen mittlerweile so fernen siebziger Jahren ist das Arbeiten unter Schröder – zumindest auf den ersten Blick – rumdum viel entspannter. Man duzt sich, duzt auch den Kanzler. Helmut Schmidt verstieg sich – etwa im Falle seines Regierungssprechers Klaus Bölling oder des Kanzleramtschefs Manfred Schüler – allenfalls zum hamburgischen Du, sagte »Klaus«, sagte »Manfred« und »Sie«. Er selbst hingegen wurde von allen mit »Herr Bundeskanzler« angeredet. Nur Hans-Jürgen Wischnewski wurde geduzt und durfte zurückduzen. Dort galt das hierarchische Prinzip. Hier herrscht Team-Atmosphäre.

Und doch, und doch: ausgerechnet zwei Frauen, Sigrid Krampitz, die Leiterin des Kanzlerbüros, und Marianne Duden verkörpern die notwendige Strenge. Fast geräuschlos freilich

Der »Salon«, in dem Honecker einst Gäste empfing: Schröders Arbeitszimmer im ehemaligen Staatsratsgebäude am Berliner Schloßplatz.

umtanzen sie und alle anderen, die hier arbeiten, den Regierungschef. Ab und an hört man das Zischen der Kaffeemaschine in der Teeküche. Eine Tasse klappert. Der Gast bekommt einen Tee serviert. Thomas Steg, dem stellvertretenden Bürochef, der noch nicht gefrühstückt hat, stellt eine junge Hübsche ein paar Schnittchen auf den Arbeitstisch. So ohne Pomp and Circumstances also wird die Republik regiert? Hinter diesen Türen, die meistens offen stehen, wohnt die Macht? Derart lautlos und unauffällig machen sich wichtigste Entscheidungen auf den Weg?

Ganz plötzlich aber ist Bewegung, ist Tempo, ist Termindruck angesagt. Die Hünen von der Sicherheit marschieren auf. Gerhard Schröder verschwindet fast bis zur Unsichtbarkeit zwischen ihnen. Jetzt geht es schnell, schnell, runter die Treppen, rein in die Autos, schon brausen wir zu seinem nächsten Auftritt, im Theater des Westens, zu einer äußerst seltsamen Veranstaltung, weit seltsamer noch als die ausgefallene Messeeröffnung am früheren Morgen.

Die Akteure dessen, was nun kommt, sah man bereits am Vormittag Unter den Linden. Lauter knackige Burschen in Schottenröcken, einer Tracht, welche die Unternehmenskultur der Mühl AG, eines mittelständischen Baustoffhändlers, symbolisiseren soll. Die Firma, die in West- und Ostdeutschland ihren Standort hat, feiert ihr zehnjähriges Jubliäum. In diesem Zeitraum ist ihre Belegschaft von 12 auf mehr als 2000 Beschäftigte angewachsen. Am Zuwachs von Arbeitsplätzen, an solchen Erfolgen also, wollte er sich messen lassen, hatte Gerhard Schröder bei seinem Amtsantritt verkündet. Da will er also mitfeiern, will demonstrieren, worauf es ihm während seiner Regierungszeit ankommt, will natürlich auch zeigen, welche Art von Anstrengungen er unterstützt.

Zum Beispiel die des jungen Vorstandsvorsitzenden dieses

Unternehmens. Kein Industrieller ist das, eher ein Naturbursche mit wehendem Lockenschopf, gerade mal Anfang vierzig. Vor zehn Jahren hatte er die Idee, seine Geschäfte nach Thüringen auszudehnen. Jetzt füllen die Kunden und Lieferanten des Unternehmens ein Berliner Theater bis zum letzten Platz. Die Ehefrau dieses Tüchtigen hat ihm zwei Tage zuvor eine Tochter geboren. Trotzdem durfte oder wollte sie bei der Jubiläumsfeier nicht fehlen. Anderthalb Stunden hält sie in der ersten Reihe neben dem Bundeskanzler aus – mit dem verzweifelt quiekenden Neugeborenen im Autositz zu ihren Füßen. Leicht irritiert, ein bißchen verlegen lächelnd, heitere Miene machend zu diesem merkwürdigen Spiel, fügt sich der Regierende in die Nachbarschaft mit Mutter, Kind und Dudelsackpfeifern.

Muß er sich das antun? Ist es die Aufgabe eines Bundeskanzlers, eine Stunde lang den vorhersehbaren und vereinshaften Reden von Mittelständlern zu lauschen, bevor er selbst ein paar Worte sagen darf? Gehören solche Termine, die sich – gemessen an den Weltaufgaben einer Bundesregierung – auf Kleintierzüchterniveau befinden, tatsächlich zum Geschäft des Regierens?

Offenkundig braucht er diese Bühnen für symbolische Akte, braucht sie auch, um seine Botschaft wieder und wieder auszustreuen. Einen »Dreiklang« stellt er da als Wichtigstes vor: zum einen die Konsolidierung des Bundeshaushalts, zum anderen die Reform der Unternehmensteuern, drittens – und offenbar glaubt er fest daran – die Segnungen des Bündnisses für Arbeit. Außerdem will er, damit verbunden, die Ausbildungschancen für junge Leute verbessern. »Wo immer Sie diskutieren«, ruft er in sein Publikum, »helfen Sie mit.« Der Kanzler als sein eigener Progandist. Da leistet er auch Kleinarbeit.

Dann kommt, was kommen muß: Die Dudelsäcke pfeifen noch einmal, Gerhard Schröder wird ein Schottenrock als Abschiedsgeschenk überreicht. Nein, sagt er hinterher, niemals ziehe er so etwas an, niemals setze er geschenkte Hüte auf, er mache sich nicht zum Narren. Danach aber nichts wie raus hier und rein in die Arme der üblichen Wegelagerer, der gerade zufällig in der Kantstraße vorbeiziehenden Bürger mit ihren Ehefrauen, Kindern, Kindeskindern, Hunden und Katzen. Das

Wo immer er auftritt: den begeisterten Wegelagerern, die gerade vorbeiziehen, liegt der Bürgerkanzler gern im Arm.

passiert ihm immer wieder: daß sie ihn umringen, um mit ihm zusammen fotografiert zu werden. Gerhard Schröder läßt es allemal über sich ergehen, läßt sich auch wärmen davon.

Helmut Schmidt war ein Kanzler, den man verehrte, Kohl einer, den man fürchtete. Gerhard Schröder aber ist ein Bürgerkanzler. Keiner seiner Vorgänger war so jedermännisch wie er. Das zeigt sich auch, als die Wagenkolonne des Mächtigen – wir brausen gerade zum zweiten Mal an diesem Tag in Richtung Flughafen durch Westberlin – plötzlich nach links in die Bleibtreustraße abbiegt. Unverhoffter Stopp. Die Türen springen auf. Aus den gepanzerten Mercedes-Limousinen ergießt sich dunkelgekleidete Männlichkeit aufs Berliner Pflaster. Tatsächlich: Wir haben noch Zeit bis zum Start nach Kiel, wo Gerhard Schröder am Abend für Heide Simonis Wahlkampf machen soll. Eine gute Gelegenheit also für einen Einkehrschwung. »Lubitsch« heißt das Künstlerlokal, in dem der Bundeskanzler jetzt eine Pause einlegt.

Wie aber hat man sich das vorzustellen, wenn der erste Mann der deutschen Politik in einem ganz normalen Restaurant der Mittelklasse erscheint? Werden sich Köche und Kellner um ihn scharen? Werden die anderen Gäste vor seinem Tisch Schlange stehen, um ihn aus nächster Nähe zu sehen? Weit gefehlt. Nichts dergleichen findet statt. Wir sitzen um einen Alltagstisch. Der Kanzler, den Rücken zur Türe gewandt, hat sich in die Ecke an der Wand gequetscht. Mit von der Partie sind noch der stellvertretende Büroleiter Thomas Steg, außerdem Reinhard Hesse, einer der Redenschreiber, und Rainer Sontowksi, der das Büro des Vorsitzenden der Sozialdemokratischen Partei leitet. Denn in Kiel hat Schröder einen Parteitermin, keinen Kanzlertermin zu absolvieren.

Die Männer trinken Bier, der Bundeskanzler gießt noch ein Viertel Weißwein hinterher. Ein Big Mac soll seinen Hunger stillen. Das alles läuft ab, wie es immer und überall unter ganz gewöhnlichen Bürgersleuten abläuft: Die Kellnerin nimmt die Bestellung auf. Die Getränke werden lustlos hingestellt. Der Mac läßt ewig auf sich warten, so daß der mächtigste Mann der Republik schließlich die höchst originelle Frage stellt, ob das Tier für die Hackfleischeinlage schon geschlachtet sei. Weder der Koch noch der Geschäftsführer lassen sich blicken, um den Bundeskanzler zu begrüßen. Die Herrschaften am Nebentisch sind ausschließlich mit sich selbst beschäftigt. Nur als die Schauspielerin Elisabeth Trissenar durch den Raum geht, heben alle den Blick. Da weiß man wieder, wer wirklich prominent ist. Selbst Gerhard Schröder schaut ihr hinterher und fragt, ob das nicht die sei, na die, ach, zum Teufel, wie heißt sie schon ...?

Eine gute Stunde sitzt man so herum. Die Gespräche drehen sich um die Spendenaffäre der CDU und um Helmut Kohls Neigung, immer wieder einmal im richtigen Moment ein paar Tränen kullern zu lassen. Ist der Altkanzler nun ein Schauspieler, der dieses Element absichtlich einsetzt – wie Thomas Schäuble, der Bruder des schwer Kohl-geschädigten Wolfgang vermutet –, oder ist der Dicke einfach sentimental? Um solche wahrhaft grundstürzenden Probleme dreht sich die Unterhaltung, in der viel gelacht wird. Und Schröder – nicht ohne Selbstironie, mit dem bekannten Schalk im blitzeblauen Blick – vermutet, Kohl sei wirklich nur sentimental, und er sei es schließlich auch. Seine Frau Doris weine beim Anschauen trauriger Filme, und er weine immer mit. *Se non e vero, e ben trovato* – wenn es nicht wahr ist, so ist es doch gut erfunden.

Über soviel vorgeblicher Rührseligkeit eines Machtmenschen werden alle noch viel fröhlicher, bis es, heißa, endlich aufgeht zur wilden Jagd, zur Weiterfahrt in Richtung Flughafen.

Küsse von Heide

Zum zweiten Mal an diesem Tag auf seinem Stammsitz im Flieger angelangt – vorne links, versteht sich – ist es, als schalte sich Gerhard Schröder plötzlich wie auf Knopfdruck wieder aus. Schnell schaut er noch auf den Ablaufplan für Kiel, denkt an das beginnende Wochenende, das für ihn freilich erst spät in der Nacht anfangen wird. Wie schön wäre es doch, seufzt da der Wahlkämpfer wider Willen, wenn wir nun auch heute abend nicht landen könnten und gleich nach Hannover, also nach Hause, weiterfliegen dürften. Zwar habe er keine Angst mehr vor solchen Großauftritten wie dem bevorstehenden in der Kieler Ostseehalle, bekennt er und gähnt ein bißchen durch die Nase, doch müsse er sich jedes Mal neu »aufladen«.

Das schafft er natürlich, und vielleicht trägt die rasende Fahrt durch Regenschauer und Schneegestöber vom Flughafen Hohn nach Kiel dazu bei, seine Lebenskräfte wieder aufzuwecken. Noch mehr als im Flugzeug stellt sich bei soviel Waghalsigkeit auf der Straße die Frage, ob wir sicher ankommen werden. Denn schon seit Adenauers Zeiten rasen die Politikerchauffeure, rasen sogar, wenn ausreichend Zeit gegeben ist, rasen angeblich aus Sicherheitsgründen, aber natürlich auch, weil es die Bedeutung des Fahrgastes und seiner Unternehmungen unterstreicht. Danach hat man dann – so auch hier in Kiel – oft viel Zeit übrig und denkt darüber nach, ob das alles denn wirklich vonnöten sei.

Der richtige Ort für solche Gedanken über den Leerlauf in der Politik ist eines dieser sozialdemokratischen Hinterzimmer, in dem wir nun erwartet werden und die sich alle gleichen: mit ihren kahlen Wänden, dem schlichten Mobiliar, den bewundernswert wohlmeinenden Menschen. Immer gibt es belegte Schnittchen, Bier und Kaffee. Die Kandidatin oder der

Kandidat vom Ort, hier und heute ist es die schleswig-holsteinische Ministerpräsidentin Heide Simonis, freut sich wahnsinnig, daß der liebe Gerd, den man doch schon immer unterstützt hat, der Provinz die Ehre erweist. Schon fällt man ihm auch – er nimmt's, weil er's nehmen muß – ein bißchen um den Hals und herzt ihn. Die Genossen umkreisen ihn kurz, aber dann sitzt er doch wieder unauffällig am Rand und trinkt noch einmal ein Glas Wein. Der vielgeschmähte Medienkanzler macht nicht viel von sich her.

Genau so zeigt er sich auch später in der Ostseehalle. Bescheiden wartend, fast regungslos, steht er auf der Bühne,

Gerhard Schröder im Januar 2000 bei einem Besuch in Schleswig-Holstein. Im Wahlkampf für Heide Simonis mobilisiert er alle Energien.

Am Rednerpult preßt er die Stimme zusammen, bis sie ihm nach Art von Willy Brandt heiser und männlich aus der Kehle schrammt.

Teil der Dekoration für Heide Simonis, die eine ihrer hingeschlabberten Reden hält, wartend darauf, daß er seine, weitaus besseren Talente zum Einsatz bringen darf. Endlich, um Viertel vor neun, ist er an der Reihe. Und siehe, die innere Pumpe, die ihm im Bedarfsfall Energie zuführen muß, funktioniert. Gerhard Schröder läuft an, läuft zu großer Form auf. Und während er den »Dreiklang« vom Nachmittag in der Sache wie gehabt und fast wortgleich noch einmal ertönen läßt, bringt er jetzt doch ganz andere Gesten und Tonlagen zum Einsatz. Hier, vor einem großen Genossenpublikum, muß er weniger Kanzler, muß er mehr der gefühlssozialistische Vorsitzende seiner Partei sein. Also preßt er die Stimme zusammen – Willy Brandt hat es vorgemacht –, bis sie ihm ganz heiser und männlich-leidenschaftlich aus der Kehle schrammt, und wettert: »Wir zahlen 82 Milliarden Zinsen im Jahr.« Die rechte Hand hängt er mahnend in die Luft, läßt sie dort baumeln, läßt sie dort leuchten wie ein Lampion seiner Anhänglichkeit an die reine Lehre. Jedem Zuhörer wird so anschaulich, was er für seine Wähler erreichen will: »...daß diejenigen, die in die Fabriken und Verwaltungen gehn, mehr in der Tasche haben.« Und dann aber: Bauch rein, Hintern raus, runter in die Knie, nochmal und nochmal runter, obwohl er dabei immer wieder fast gänzlich hinter dem Pult verschwindet, während sein Kampfruf gegen die Union erschallt: »Die sollen schwächer sein als wir, aber nicht untergehen.« Schließlich vergißt er die notwendige Prise Humor nicht, streut sie in lässiger Haltung, fast beiläufig hin: »Wir sparen nicht, weil es uns Spaß macht, obwohl ich mir bei dem Hans da nicht sicher bin.«

Eigentlich müßte das Volk nun jauchzen, müßte ihm zujubeln. Aber vielleicht ist das Wetter zu eklig, die Halle zu kalt, der Abend zu spät oder der Redner in diesem riesigen Rund zu unscheinbar. Vielleicht ist es auch nicht die Art der hier versammelten Nordmenschen, in Begeisterung auszubrechen. Auf alle Fälle tröpfelt der Beifall nur. Die richtige Stimmung will nicht aufkommen. Erst als alles gelaufen ist, als die Ordnungskräfte zum üblichen Foto mit ihm Aufstellung nehmen, wird's ein bißchen heiter, und Gerhard Schröder spielt wieder einmal mit, stellt sich hier hin und dort hin, gibt Autogramme, lächelt viel und entschwindet schließlich mit seinen schwingenden Schritten in die finster-kalte Nacht.

Ein Gedanke an Oskar

Später, während des Rückflugs nach Hannover, gesteht er, daß ihm das Schulterklopfen mit den Leuten an der Basis früher nicht durchweg angenehm war. Inzwischen nimmt er diesen Teil seiner Arbeit jedoch an, macht sich auch immer wie-

der klar, daß er auf die Unterstützung seiner Parteifreunde angewiesen ist. Er hat auch dies »verstanden«: daß die Genossen ihn tragen. Sie arbeiten ehrenamtlich für die Partei, also für ihn, den Vorsitzenden. Auf dem Berliner Parteitag im Dezember 1999 bestätigten sie ihn grandios mit 86,3 Prozent in seinem Amt, wollten ganz bewußt Regierungspartei sein. Die Bande sind also enger geworden. Auch deshalb läßt er heute gerne ihre Nähe zu: »Die haben einen Anspruch darauf.«

Oskar Lafontaine am 24. Februar 1999, wenige Tage vor seinem Rückzug aus der Politik, bei einem seiner letzten Versuche, dem Kanzler zu sagen, wo es langgehen soll.

Nichts als Liebenswürdigkeit also bei dem, der einmal der Filou der Sozialdemokratie war? Nur noch die schönste Demut? Selbstlose Hingabe ans Parteiwohl? Gibt es da niemanden mehr, an dem er sich reiben muß? Fehlt ihm womöglich der gute, alte Oskar als Muntermacher? Bei dieser Frage wird der regierende Vertreter der Genußgeneration noch einmal hellwach, obwohl er soeben, kurz vor der Landung in Hannover, wieder gähnend verkündet hat, er werde morgen, weiß Gott, ausschlafen: »Vor elf steh' ich an diesem Sonnabend nicht auf.«

Und nun diese Frage: Oskar. Oskar? Nein, der fehlt ihm nicht. Sie haben sich »belauert«, sagt Schröder: »Das war belastend, war für beide unerträglich.« Natürlich sei Oskar ein netter Typ, mit dem man gut ein Glas Wein trinken und einen Happen essen könne. Aber der habe sich gedacht: er, Lafontaine, sage, wo's langgehn soll, »und ich sage es dann der Presse weiter«. So hatte der neue Bundeskanzler jedoch nicht gewettet:«Das war mit dem Amt und mit mir nicht zu machen.« Klar, knapp, bestimmt setzt er den Satz in die Nacht. Es ist das erste und einzige Mal an diesem Tag, daß sich Gerhard Schröder in seiner so häufig geschmähten Machtmenschenhaftigkeit zeigt.

Regieren in Berlin

Morgenlage

Auf Punkt neun Uhr ist die »Morgenlage« angesetzt, die Regierungsrunde, in der sich Gerhard Schröder und seine engsten Berater auf die Kabinettssitzung einstimmen. Schon eine Stunde vor dem Beginn ist das Kanzlerbüro mit allen Beamten und Sekretärinnen voll besetzt. Genau zwei Minuten vor der anberaumten Zeit trifft auch der Regierungschef ein, und absolut pünktlich gruppieren sich alle Beteiligten um den rechteckigen Konferenztisch im Arbeitszimmer des Bundeskanzlers.

Der Raum ist weit. Eine Rilke-Büste schaut zu uns herüber. Willy Brandt, in Bronze gegossen, hebt mahnend die Hand. Fotos der Kanzlerehefrau Doris Köpf lächeln aus dem Bücherregal, in dem sich auch noch Standardwerke wie Heinrich August Winklers »Deutsche Geschichte« oder Helmut Schmidts »Auf der Suche nach einer öffentlichen Moral« finden. Ein abstraktes Großgemälde von Georg Meistermann mit dem Titel »Der Baum« belebt die Wand hinter den Teilnehmern des Gesprächs. Gerhard Schröder hat am schmalen Kopfende seinen Platz und schickt den Blick unter leichtem Stirnrunzeln – einen Blick, den die Nacht noch um ein paar Nuancen tiefer ins Blau eingefärbt hat und der sich erst langsam aufhellen wird – durch die hohen und breiten Fenster über den Berliner Schloßplatz zum Dom hinüber. Mal legt er, weil er doch nur langsam richtig wach wird, den Kopf kurz in die Hand, mal fährt er sich mit dem Finger ins Ohr. Morgendliche Startgesten eines ausgemachten Abendmenschen.

Wer ist noch mit von der Partie? Zur Rechten des Bundeskanzlers hat sich Regierungssprecher Uwe-Karsten Heye niedergelassen. Links neben dem Mächtigen ist der Stammplatz von Frank-Walter Steinmeier, dem Chef des Kanzleramts, den Schröder ebenfalls aus Hannover mitgebracht und der dort die Staatskanzlei geleitet hat. Steinmeier ist Jurist, gilt als außerordentlich fähiger Verwaltungsbeamter. Seit es gelungen ist, Bodo Hombach in Richtung Balkan wegzuloben, beherrscht er allein das Feld der Verwaltung. Zur Rechten des Kanzlers reihen sich noch der junge Staatsminister Martin Bury an, zuständig für Wirtschaft, dann Thomas Steg, der an diesem Tag die Leiterin des Kanzlerbüros, Sigrid Krampitz, vertritt. Peter Struck ist dabei, von Beruf Rechtsanwalt und Vorsitzender der sozialdemokratischen Bundestagsfraktion. Auf der Linken, neben Steinmeier, hält SPD-Generalsekretär Franz Müntefering die Wacht für seine Partei.

Kleines Gelächter am Anfang, als Heye über die »Kommentarlage« berichtet: Es ist alles weniger dramatisch als gedacht: Der deutsche Kandidat Horst Köhler hat es geschafft, er wird Chef des IWF. Die Meinung in der deutschen Presse: Kanzler Schröder ist noch einmal davon gekommen. Es nötigt ihm ein dürres Lächeln ab. Zu intensiveren Regungen ist er um diese frühe Tageszeit eh nicht in der Lage. Auch führt er das Gespräch nicht am straffen Zügel, führt es eigentlich gar nicht.

Helmut Schmidt, sein großes Vorbild, ebenfalls vom schmalen Ende des Konferenztisches aus, leitete die Sitzung seines Küchenkabinetts, des »Kleeblatts«. »Manfred, fangen Sie an«, konnte er sagen. In Schröders Runde meldet sich Fraktionschef Struck unaufgefordert selbst zu Wort: »Ich fang mal an ...« Dieser Kanzler moderiert das Gespräch allenfalls, tippt nur an; okay, nein, hier sollte dieser, da jener sich drum küm-

Noch vor dem Umzug nach Berlin: Der Kanzler schaut sich den Kabinettssaal und andere Arbeitsräume in seinem provisorischen Amtssitz an.
Durch das Fenster ist der Berliner Dom zu sehen.

mern, machen wir, machen wir nicht. Er ist das Gefäß, in das sich die Informationen und Meinungen aus seiner engsten Crew ergießen; er pickt sich nur das heraus, was ihm wesentlich erscheint.

Peter Struck gibt sich am lebhaftesten und spießt auch das Politischste auf, berichtet von den anhaltenden Schwierigkeiten der Grünen mit dem Jahrestag des Beginns des Kosovo-Krieges und wie man die Sache im Bundestag handhaben soll: »Wenn wir darüber debattieren, dann nur auf Grund einer Regierungserklärung des Außenministers.« Was die Grünen denn wollen, fragt der Kanzler. »Wir können das Thema nicht ignorieren«, bedauert Heye. Nur unter dem positiven Aspekt der Wiederaufbauhilfe, welche die Bundesrepublik leistet, müßte es diskutiert werden, meint abschließend der Regierende.

Dann geht es um Bildungsinitiativen, um das Jump-Pro-

Zwei, die für Schröders Erfolg sorgen: Franz Müntefering (Seite 36) hält dem Kanzler in der Partei den Rücken frei; Hans (Hansi) Eichel hält ihm die Finanzen zusammen.

gramm. »Die Bulmahn soll das machen«, so lautet eine Einsicht der Runde. Der Bundeskanzler brummelt nur ein »okay«.

Struck weiß: Die Debatte über ein Einwanderungsgesetz könnte jetzt losgehen. Müntefering hat da Befürchtungen. Er warnt vor einer neuen Asyldebatte. Eine »Qualifizierungsdebatte« wäre ihm lieber. Jetzt bekakeln »Münte« und Steinmeier den Standort der Gewerkschaften. Der Kanzler, ganz Jurist, legt den Unterschied zwischen Aufenthalts- und Arbeitserlaubnis dar. Und Heye freut sich über das anhaltende »ausgezeichnete *backing*« der Zeitungen für Schröders Greencard-Initiative, also das Vorhaben, Computerfachleute aus dem Ausland nach Deutschland zu locken.

Beim nächsten Thema ist Kanzleramtschef Steinmeier der Berichterstatter. Die Entschädigung für Zwangsarbeiter des NS-Regimes steht auf der Tagesordnung. Steinmeier referiert, Gerhard Schröder schaut auf seine Nägel, macht wieder mal ein mißmutiges Morgengesicht, wirft einen Blick auf die Presseübersicht und plädiert für eine Regelung, die inzwischen, nach Verabschiedung der Steuerreform, wieder vom Tisch ist: Ja, die Länder sollen auch etwas bezahlen.

Was noch birgt die Agenda? Der Vorschlag aus dem Außenministerium, die Visavorschriften zu erleichtern. »Da kriegt Schily Schwierigkeiten«, weiß Frank-Walter Steinmeier. Danach gerät ein Kongreß der AFA, der sozialdemokratischen Arbeitsgemeinschaft für Arbeitnehmerfragen, ins Visier der kleinen Gruppe. Zu besprechen ist, was der Kanzler dort sagen wird. Seine übliche Rede wird er halten – »Die ich immer halte«, gibt Schröder selbstironisch grinsend zu Protokoll. Und zu Müntefering gewandt, weil die Veranstaltung am Sonntag stattfindet: »Du mußt um 11 Uhr fünfzehn anfangen – wegen der Kirche.«

Darum kreist hier alles: wie man die eigenen Truppen bei der Stange hält; wie man die Verbündeten, sprich: die Gewerkschaften, nicht vor den Kopf stößt; wie man dem Gegner – »was die CDU vorhat, das können wir abdecken«, sagt beispielsweise Franz Müntefering – den Wind aus den Segeln nimmt. Herrenclubatmosphäre herrschte in Helmut Schmidts Runden. In Schröders Kanzleramt befinden wir uns offenkundig im Vorstand des Turn- und Sportvereins SfG – »Sieg für Gerhard«.

Dann, ganz schnell, ist alles vorbei. Die wesentlichen Punkte sind abgehakt. An Marianne Duden vorbei trottet man geschwind zum Kabinettssaal nach nebenan, wo Honecker einstmals seine Empfänge zelebrierte. Die Minister und Staatssekretäre sitzen schon auf ihren Plätzen. In Bonn gruppierte man sich um ein vergleichsweise schmales Oval. Hier sind die Regierenden um einen riesigen runden Konferenztisch versammelt, dessen gewaltiger Durchmesser die Gespräche bestimmt nicht einfacher macht. Am Rhein gebührte dem Kanzler ein Stuhl mit erhöhter Rückenlehne. Im großen Berlin wird ihm nicht einmal diese Andeutung des Herausgehobenseins zugestanden. Da reiht er sich ein, ohne zu betonen, daß er mehr als ein *primus inter pares* ist.

Am Anfang immer unauffällig

Das muß eine Masche von ihm sein. Schon in Hannover konnte man erleben, wie der Ministerpräsident Schröder zu einem Termin eilt – damals handelte es sich um einen Geburtstagsempfang des Opernintendanten –, und, da er ein paar Minuten zu spät kommt, bescheiden an der Türe stehen bleibt, sich von der selbstbewußten Kultusministerin die Schau stehlen läßt, bis man endlich auf ihn aufmerksam wird. Ist es Bescheidenheit? Eine kurzfristig auftretende Schüchternheit? Muß er – vielleicht ganz unbewußt – eine Art Schwellenangst überwinden? Oder liebt er es, sich für ein paar Sekunden wie unter einer Tarnkappe zu fühlen, um dann das freudige Erschrecken – ha, unser Ministerpräsident, unser Kanzler ist da! – in vollen Zügen zu genießen?

Wie dem auch sei, er spielt dieses Spiel, wann immer sich Gelegenheit dazu ergibt. Zum Beispiel bei Hans-Olaf Henkels

Am Prominententisch des BDI-Präsidenten: Bei Hans-Olaf Henkels 60. Geburtstag geht es nur mäßig lustig zu. Der Kanzler wäre lieber mitten im Gästetrubel.

60. Geburtstag. Zu Fuß, ohne Aufsehen zu erregen, geht es vom Kanzleramt quer über die Breite Straße ins niegelnagelneue Haus von BDI, BDA und DIHT. Dort ist alles vertreten, was in der Republik Rang und Namen hat: Gerhard Cromme, der Charmanteste unter den Wirtschaftsbossen, Angela Merkel, die Gefordertste unter den Politikerinnen, Wolfgang Schäuble, der Geschlagenste unter den Scharfsinnigen; außerdem reichlich Gattinnen und Witwen wie Gabriele Henkel, Johanna Quandt und Friede Springer; die Minister Eichel, Schily, Klimmt, Fischer und Riester sind da, der neue Bahnchef und der alte Regierende von Berlin, ein paar Exminister wie Matthias Wissmann oder Helmut Haussmann und schließlich Eberhard von Kuenheim, womöglich der einzig wahre Herr in dieser illustren Gesellschaft. Da fällt der Bundeskanzler wieder einmal gar nicht auf.

Zuerst, als Tyll Necker dem Geburtstagskind einen Strauß heiterer verbaler Freundlichkeiten überreicht – ein »jung gebliebener Sechziger« und einiges mehr von dieser Güte –, steht Gerhard Schröder irgendwo links hinter dem Rollstuhl des CDU-Politikers, auf den sich in den Tagen kurz nach seinem Rücktritt vom Parteivorsitz ohnedies aller Augen richten.

Da harrt der Kanzler aus wie alle anderen auch, lächelt leise, faßt sich ans Ohr, schaut auch fast verlegen zur Seite, wenn man ihn allzu ungeschützt beobachtet, bis er dann selbst mit einer kleinen Laudatio auf den BDI-Präsidenten an der Reihe ist. Und siehe, da sprüht er plötzlich, schüttelt eine amüsante und leicht ironische Viertelstunde aus dem Ärmel, frozzelt den zu Lobenden, er sei tatsächlich jung geblieben: 1998 habe Henkel gewarnt, wenn Rot-Grün käme, sähe er schwarz, und jetzt, anno 2000, habe er verlauten lassen, zu Rot-Grün gäbe es keine Alternative. Das nenne man taufrische Lernfähigkeit.

Jeder Satz sitzt, auch jede Pointe, das muß man können. Doch nichts tiefer Schürfendes läßt der Kanzler verlauten, was einen der Superbosse zu der Bemerkung veranlaßt, der Bundeskanzler habe sich eine Chance entgehen lassen. Vor diesem prominenten Publikum hätte Gerhard Schröder die Gelegenheit beim Schopfe packen müssen, um von seinen Vorhaben zu sprechen und dafür zu werben. Doch ihm schien es eher angebracht, mit seinen unterhaltsamen Talenten zu brillieren und den Kuba-Fan Henkel darauf hinzuweisen, daß sie beide, bei allem, was sie trennt, die Leidenschaft zu gewissen Produkten dieses Landes teilten.

Heiterkeit allerseits. Beifall natürlich. Danach stürzt sich der Mensch mit Wonne ins Gewühl, genießt die interessanten Begegnungen, schwätzt hier, lacht dort, fragt diesen, antwortet jenem. Wo findet man schon so viele aufregende und einflußreiche Leute auf einem Fleck? Der arme Bundeskanzler aber, während die meisten Gäste von Ständerling zu Ständerling herumflanieren, muß an den Prominententisch und sich die erstaunlich wenig schmackhaften Häppchen servieren lassen – ausgerechnet bei den Reichsten der Republik! Ach, wie er leidet, ach, wie er sehnsüchtig zu den eingeweihten Zirkeln dieses Amüsements hinüberschaut, ach, mit welcher Leichtigkeit er mittendrin sein könnte. Jetzt blickt er auch nicht mehr zur Seite, jetzt schaut er der Chronistin vielsagend in die Augen, jetzt sieht er vor allem mit zunehmend eingedüsterter Stirn auf den wirklichen Star der Stunde.

Auf Hans-Olaf Henkel? Beileibe nicht. Der muß ja ebenfalls an den Prominententisch und neben dem Kanzler ausharren, und beide sind hinreichend bekannt, sind schon tausend Mal interviewt worden. Nein, umschwärmt, umtanzt, umgarnt ist ein ganz anderer, ist Friedrich Merz, der männliche Jungstar am CDU-Himmel. Auf ihn richten sich alle Kameras, ihm recken sich die Mikrofone entgegen, ihn kennt man noch nicht. Er ist neu, er ist aktuell. Und an diesem Tag, Monate vor seinem Cannae bei der Abstimmung über die Steuerreform im Bundesrat, ist er auch noch ungeschlagen. Oh Mühsal des Regierens und manche Langeweile, oh schändlich hurenhaftes Mediengewerbe.

Morgen vielleicht, wenn irgend etwas aufkommt, wenn Gerhard Schröder einen Fehler macht oder über einen Gegner triumphiert, morgen vielleicht wird er wieder im Mittelpunkt sein. Heute aber nimmt kaum jemand Notiz davon, als der deutsche Bundeskanzler die Festtafel schließlich verläßt und zum Schwarzbrot seiner alltäglichen Regierungsarbeit zurückkehrt.

Begegnung mit einem Freundfeind

Zu solchen Alltäglichkeiten zählt, zum Beispiel, der Abschiedsbesuch von General Clark. Das geht ruck-zuck. Aufmarsch des Amerikaners und seiner Frau im großen Vorraum des Amtes, wo glückliche Kunstfiguren des sozialistischen Realismus von einem riesigen Glasfenster auf ein paar verlorene Leutchen herabschauen, auf Sicherheitsleute, auf Kameramänner und Fotografen, welche dieses bedeutende Ereignis zur Verbreitung in den Medien weiterreichen. Händeschütteln. Lächeln. Hinter Türen verschwinden. Wieder herauskommen. Schon ist alles gelaufen, aber wahrscheinlich nicht viel gesagt.

Und auf gehts zum nächsten Termin.

Im Bankettsaal, ein Stockwerk darüber, haben sich ein paar hundert Unternehmer versammelt, zur feierlichen Unterzeichnung von Rahmenverträgen mit dem Bundesverteidigungsministerium. Die sitzen alle brav aufgereiht wie die Hühner

Die alten Wunden sind nicht ganz verheilt: Manchmal sagen sich Gerhard Schröder und Rudolf Scharping kein einziges Wort.

auf der Stange, Pinguinhühner oder Hühnerpinguine in ihren dunklen Anzügen und weißen Hemden, sitzen lange, bis die beiden Hauptpersonen hereinschreiten, ja schreiten: der Kanzler und sein Verteidigungsminister, der eine mit diesen langausholenden, wiegenden Schritten, der andere als sein eigener Stecken und Stab. Nebeneinander nehmen sie Platz. Schröder sieht klein aus an der Seite seines Ministers, der auch im Sitzen ein Riese ist. Beide liefern nacheinander ihr offizielles Grüßgott ab. Ein Offizier redet von Arbeitsplätzen und von der Wehrfähigkeit der Bundeswehr – »Sie, Herr Bundeskanzler haben das angeregt« –, dann werden die Schriftstücke unterzeichnet und ausgetauscht. Schon ist auch dieser Tagesordnungspunkt abgehakt. Gerhard Schröder weilt in Gedanken offenkundig längst woanders, hat auch sein Mißmutsgesicht wieder mal aufgesetzt. »Müssen wir hier sitzen?« fragt er, steht auf, wendet sich ab – und sagt zu Rudolf Scharping kein einziges Wort.

In diesem Moment hat man plötzlich die Bilder wieder vor Augen, die damals in den Nachrichtensendungen zu sehen waren: Schröder Ende August 1995 irgendwo draußen, wie er von Scharping, der damals noch SPD-Chef war, übers Handy seinen Rausschmiß als wirtschaftspolitischer Sprecher der Partei verpaßt bekommt. Ja, man sieht das noch: seine Verblüffung, die Kränkung, die ihm so deutlich anzumerken war. Und hat der Verteidigungsmnister nicht auch jüngst halböffentlich an Schröders Kanzlerqualitäten gezweifelt, sich selbst für den Besseren gehalten? Da muß man ihn vielleicht im Kabinett haben. Aber reden, reden muß man nicht unbedingt mit ihm.

Die Liebe unter Genossen

Angela Merkel und Wolfgang Gerhardt sind vor ihm da. Um neun Uhr beginnt die Sitzung des Bundestages. Eine Debatte zum Jahreswirtschaftsbericht steht auf der Tagesordnung. Punkt vier Minuten nach neun kommt der Bundeskanzler die Treppe am Osteingang des Reichstags heraufgestürmt und verschwindet in dem Büro, das er hier während der Sitzungsstunden bezieht. Es besteht aus zwei schmalen, langgezogenen Räumen mit diesen stilisierten Küchenfenstern, wie sie überall in dem Gebäude anzutreffen sind. Im Vorzimmer das übliche Arrangement, mit einer Sekretärin, die das Telefon bedient und den Zerberus vor dem Allerheiligsten abgibt. Gegenüber noch ein Arbeitsplatz für den jeweiligen Begleiter des Kanzlers. Am Fenster zwei Stühle und ein Tischchen, auf dem eine Auswahl der neuesten Zeitungen liegen. Nebenan, wo der Kanzler vorübergehend sein Quartier aufschlägt, Kunst von Stravalde, ein Fernseher, Sessel aus schwarzem Leder, der Schreibisch aus Glas, die Cohiba im Aschenbecher. Alles sehr funktional.

Draußen vor der Tür lungern die Sicherheitsleute, die zur Bewachung des Bundeskanzlers abgestellt sind, unter ihnen eine drahtige junge Polizistin, in breiten Ledersesseln. Drinnen spielt sich ein völlig unaufgeregter Gang der Geschäfte ab. Thomas Steg, der stellvertretende Büroleiter, ist als Springer zur Stelle. Zwischendurch geht der Kanzler ins Plenum. Dann kommt der Außenminister zu einem Meinungsaustausch zu ihm. Danach taucht Uwe-Karsten Heye auf, weil Gerhard Schröder den Leuten vom *Spiegel* gleich ein Interview geben wird. Es läuft alles wie drüben im Amt ab: Hin und wieder erscheint der Chef in der Tür, fast immer mit einer Zigarre im Mund. Wiederum ist er es aber auch, der hinaus und zu den Leuten geht. Zum Beispiel die drei Schritte hinüber in die Cafeteria, wo er sich, wie jedermann sonst in diesem Haus, einen Leberkäs zum Vespern holt, selbst bezahlt und wieder verschwindet.

Später taucht er noch einmal auf, setzt sich zu mir an den Tisch, um den Fortgang unserer Termine für dieses Buch zu besprechen, bestellt sich eine Coca Cola, die er nicht austrinkt, erinnert sich an ein vorausgegangenes Buch, in dem ein Kapitel seiner Person gewidmet war – »das habe ich doch vorgestellt« – und kokettiert ein bißchen mit dem neuen Projekt: »Das ist doch noch zu früh.«

Während er bis auf weiteres hinter der Tür seines Büros verschwindet, geben sich hier nicht nur Besucher, sondern auch seine engsten Berater die Klinke in die Hand. Und hier, in diesem Gebäude, wie nirgendwo sonst, ist vor allen Dingen denen, die mit Gerhard Schröder aus Hannover kamen, ständig gegenwärtig, wie sehr sich die Dimensionen ihrer Arbeit verändert haben.

Da ist zum einen die viel komplexere Innenpolitik, welche die ehemaligen Landespolitiker überrascht hat; da sind natürlich auch die außenpolitischen Aufgaben, mit denen weder der neue Kanzler noch einer von ihnen vertraut waren; da sind aber nicht zuletzt die historischen Lasten, die sich hier im Gebäude des Reichstags ins Bewußtsein drängen. »In Bonn«, sagt Uwe-Karsten Heye, »war das nicht so klar, wie sehr wir immer noch im Schatten der Geschichte stehen.« In der altneuen Hauptstadt erleben sie staunend und sicher auch ein bißchen hilflos »eine Renaissance des Historischen«.

Aber sie erleben auch, was Sozialdemokraten immer erlebt haben: Abends um 17 Uhr 30 ist die Welt auf alle Fälle in Ordnung. Ein altbönnscher Genossenklüngel feiert sich selbst. Was also steht an? Karl-Hermann Haack, seines Zeichens Apotheker aus Extertal und seit 1987 im Deutschen Bundestag, ist sechzig Jahre alt. Darauf muß man anstoßen und ein paar Buletten verzehren. Ort der heiligen Handlungen ist das Dachgartenrestaurant im Reichstag, wo sich die Abgeordneten jetzt drängeln, wo der Bundeskanzler und Parteivorsitzende natürlich nicht fehlen darf.

Also steigt er in einen der vielen Fahrstühle des Hauses, die allesamt grauenvoll grell beleuchtet und mit Spiegeln ausgestattet sind. Darin erblickt er nun mit besonderer Deutlichkeit

Von der Partei in der Rolle des Vorsitzenden grandios bestätigt: Gerhard Schröder am 7. Dezember 1999 auf dem SPD-Parteitag in Berlin.

die Konturen seines Gesichts, stöhnt kurz auf und befindet: »So seh' ich doch gar nicht aus.« Oben angekommen, wo die Geburtstagsreden schon begonnen haben, bleibt er wieder mal im Hintergrund, bis einer sich umdreht und das übliche »Aah, unser Kanzler ist da« in die Runde wirft.

»Unser« – das ist das entscheidende Wort. Keine Frage, er gehört ihnen. Denn hier ist der »Seeheimer Kreis« versammelt, eine Vereinigung von konservativen sozialdemokratischen Bundestagsabgeordneten, zu denen früher einmal Egon Franke oder Herbert Ehrenberg und Annemarie Renger gehörten.

Das ist die alte Sozialdemokratie und alles andere als ein Enkelmilieu. Inzwischen ist Gerhard Schröder der Ihre. Hier sieht man den neuen Kanzler in der Nachfolge des alten, also Helmut Schmidts, weshalb der Hannoveraner es sich durchaus leisten kann, in seiner Laudatio auf den Geburstagsgenossen einen scherzhaften Rückblick auf seine linkere Vergangenheit zu wagen – »als ich die Revolution noch plante und du sie schon damals verhindert hast«.

Und nun quirlt er wieder Lob, Selbstironie, Herumflachserei zusammen, preist »den Menschen, mit dem ich gerne befreundet wäre«; »den Menschen, auf den man sich verlassen kann«; diesen »großzügigen Menschen«, so großzügig wie er selbst, denn das ist eine Eigenschaft aus dem lippischen Nationalcharakter, also auch eine Eigenschaft des aus dem Lippischen stammenden Gerhard Schröder. Auf Lob und Selbstlob folgt noch Parteilob: Die SPD ist eine durchweg fröhliche Partei – wenngleich »verbesserungsfähig«. Dann schießt Freund Haack voller Liebe zurück: »Du bist unser Kanzler; ich sach' immer, Augen zu und durch, und wer sich mit ihm anlegt, der bekommt's mit mir zu tun.«

Wenn das kein schönes Fest ist. Da weiß man doch wieder, was man an seiner Partei hat. Da wird man jahrelang bekriegt, da werden einem ewig andere vorgezogen, aber wenn man's dann doch bis zur Kanzlerschaft geschafft hat – für's erste zumindest –, dann wird man geliebt. Deshalb nun auf der Stelle hinein ins Gewühl, ein Bier gepackt und von einem zum anderen, von Grüppchen zu Grüppchen gewechselt, so flink und wuselig, daß man kaum folgen kann und ihn immer wieder aus den Augen verliert.

Noch ein Foto, als er geht, draußen auf der Treppe mit einer Besuchertruppe aus Niedersachsen, die mit dem Hannoveraner auf die Platte gebannt sein will. Wieder liegt ein Termin hinter ihm. Und ich begreife zum wiederholten Male: Regieren ist nicht nur sagen, wo es langgehen soll. Regieren ist häufig auch etwas ganz anderes: wenn man hier und da Grüßgott sagt, wenn man seine Partei wärmt, wenn man Mittelständler mit seiner Anwesenheit unterstützt, wenn man Leute, die das Richtige tun, zu sich nach Hause einlädt.

Beim Kanzler daheim

Gerhard Schröders Zuhause in der Hauptstadt liegt im Grunewald, in der Pücklerstraße 14. Die Villa, parkumsäumt, baumumstanden, rhododendronumkränzt, stammt aus der Gründerzeit und diente schon zu Bonner Zeiten den Bundeskanzlern – wenn sie in der alten Reichshauptstadt zu tun hatten – als Berliner Herberge. Jetzt also hat der Hannoveraner hier sein Domizil – kein schlechtes, versteht sich, aber auch keines der höchsten Luxusklasse. Alles ist nur schlicht und schön, komfortabel und bequem: die Einfahrt über knirschendem Kies, ganz wie sich's gehört; die Terrasse, auf der Gerhard Schröder an diesem Sommerabend in Hemdsärmeln sitzt und – bevor seine Besucher vollzählig eingetroffen sind – mit einem

Das ehemalige Gästehaus der Bundesregierung in Berlin, heute Schröders Domizil in Dahlem.

Beamten aus dem Kanzleramt noch Regierungsgeschäfte bespricht; die Plastiken von Hans Arp im Garten und im Flur; das Arbeitszimmer mit Bücherregal und gläsernem Schreibtisch; ein Kaminraum für die Gespräche, in dem hell bezogene, bequeme, aber nicht übergroße Clubsessel locker gruppiert sind; das schmale Eßzimmer, wo man nah genug beieinander sitzt, um sich richtig gut unterhalten zu können.

Der Bundeskanzler hat in der Mitte der Längsseite des Tisches Platz genommen. Um ihn herum versammelt sich ein knappes Dutzend Gäste, die einen wohltätigen Verein mit dem schönen Namen »Die Tafeln« gegründet haben. Wirtschaftsleute sind es überwiegend. Sie sammeln Lebensmittel, die noch nicht verfallen sind, aber aus irgendwelchen Gründen nicht mehr verkauft werden können, und verteilen sie an Obdachlose, arme Familien, Einrichtungen, die sich um vernachlässigte Kinder kümmern. Einem aus diesem Kreis ist der Bundeskanzler unlängst begegnet, und die Erfolgsgeschichte einer Wohltätigkeit, die mit Manager-Geschick auf- und durchgezogen wird und die in seinen Augen ein gelungenes Beispiel für eine moderne »Zivilgesellschaft« darstellt, hat ihn zu der Einladung für diesen Abend angeregt.

Da sitzt er nun in der Runde dieser Leute, die vor Begeisterung für ihr Projekt übersprudeln, und bekennt erst einmal, was er von ihrem Einsatz schon weiß und was ihn auf Anhieb fasziniert hat: daß man hier ein »Signal gegen die Wegwerfgesellschaft« setzt. Dann fügt er, der, 1944 geboren, in kargen Zeiten und ärmlichsten Verhältnissen groß geworden ist, etwas sehr Persönliches an. Vor allem Nahrung wegzuwerfen, das geht ihm offenbar gegen den Strich: »Da hat ja jeder so seine Erfahrungen.«

Als bewußt genießender Sproß aus jenen Kriegs- und Nachkriegszeiten hat er kein Problem, es sich in seiner Staatsvilla an diesem freundlichen Abend gut schmecken zu lassen. Auf seinem Teller bleibt kein Bissen übrig von den Matjes mit Bratkartoffeln, die als Vorspeise gereicht werden, von dem Ossobuco, der folgt, und den Erdbeeren zum Schluß.

Der Mann muß hart arbeiten, deshalb muß er auch essen, und also reicht seine Kraft nun gut, ein äußerst lebendiges Gespräch zu führen. Dabei sitzt er keineswegs als der große politische Zampano am Tisch, der sich etwas vortragen läßt oder sich gar, wie weiland Helmut Kohl, am liebsten nur selber hört. Vielmehr ist er der Motor des Gesprächs, der wie ein

Journalist richtig neugierig fragt: »Wie sind Sie darauf gekommen, das zu machen?«; »Arbeiten alle Ihre Leute ehrenamtlich?«; »Was sind Ihre Erfahrungen mit arm sein?«

»Wir haben die reichsten Armen der Welt«, sagt Annemarie Dose, die Frau, welche die Hamburger Abteilung der »Tafeln« ins Leben gerufen hat. Und dann fangen alle an zu erzählen: von dem Mann der sozial abgestürzt ist, weil ihn seine Frau verlassen hat; von der obdachlosen Mutter mit zwei kleinen Kindern; von Menschen, die in die Schuldenfalle geraten sind; von den Kleinen, die nach Hause kommen und im Kühlschrank nichts als Bierflaschen vorfinden. Gerhard Schröder hört sich das alles an, stützt dabei das Kinn in die Hand, macht große, anteilnehmende Augen und fragt: »Gibt's Erwartungen von Ihnen an die Politik?«

Nicht, daß hier Geld fließen soll – das macht er gleich klar, und das wollen seine Gäste auch nicht. Aus einer privaten Initiative soll um Himmels willen nicht auf der Stelle wieder eine staatlich subventionierte und bürokratisch verwaltete Angelegenheit werden. Aber Erleichterung und Unterstützung für ehrenamtliche Arbeit – das würden die »Tafeln«, von denen es mittlerweile dreihundert in ganz Deutschland gibt, gerne entgegennehmen: grüne Nummern für ihre Autos, also Befreiung von der Kraftfahrzeugsteuer, zum Beispiel, Freifahrten für die Mitarbeiter in S- und U-Bahnen, die ja sowieso fahren, Freifahrscheine für die Bahn, Aufhebung der Begrenzung ehrenamtlicher Arbeit von Arbeitslosen.

Der Bundeskanzler nimmt das alles auf, verspricht, an die Ministerpräsidenten zu schreiben, um Steuerbefreiung für die Autos zu erreichen: »Da kümmere ich mich sofort drum.« Der Ministerialrat, der mit gespitztem Bleistift auch am Tisch sitzt, bekommt den entsprechenden Hinweis. Wegen der Bundesbahnfahrten wird er den »Tafeln« einen Termin bei Bahnchef

Mehdorn verschaffen. Für ein Büchlein, in dem das Modell der Tafel-Wohltätigkeit auch für andere Bereiche empfohlen wird, stellt er eine Ergänzung unter seinem Namen in Aussicht: »Ich geb' Ihnen die Leute, die das umsetzen ... Sie brauchen von mir einen Stab.«

Ein Gespräch zum Thema bei einem privaten Sender, dessen Vertreter ebenfalls zu den »Tafeln« gehört, gesteht der Kanzler auch noch zu. Dann erst, ganz zum Schluß, wird er grundsätzlich. Der Modernisierer ergreift das Wort: Eine neue Balance zwischen Individuum, Gesellschaft und Staat sei vonnöten. Der Staat, der immer nur bürokratisch handeln könne, müsse nicht tun, was die Bürger selbst tun können. Das solle auch seine Partei begreifen. Deshalb hält er die »Tafeln« für beispielhaft, deshalb hat er sie eingeladen, deshalb will er sie stützen.

Das also nennt man ein Arbeitsessen. Aber fröhlich ist es auch, und nach Ablauf von zwei Stunden steht man auf der Terrasse, trinkt Mokka und flachst – über Wirtschaft und Politik. Einer der Gäste bemerkt wegen der hohen Steuern provozierend: er hätte jetzt lieber Schulden als Geld. »Dann müssen Sie Bundeskanzler werden«, fällt ihm Gerhard Schröder, sichtlich vergnügt ob seiner Schlagfertigkeit, ins Wort und kündet gleich darauf an, daß er um halb zehn noch ein Telefongespräch mit dem portugiesischen Ministerpräsidenten verabredet habe: »Ich sag' das, damit Sie sehen, daß ich jetzt noch nicht aufhöre zu arbeiten.« Die Gäste verstehen, der Kanzler begleitet sie bis auf die Straße zum Taxi. Frau Dose erbittet sich eine Zigarre und ein Foto als Ermutigung für ihre Mitarbeiter. »In Dankbarkeit und Respekt« für die Hamburger »Tafel« schreibt der Kanzler auf sein Konterfei. Das meint er wohl auch so.

Auf diplomatischem Parkett

Balanceakt im Baltikum

Es ist High Noon in Berlin. Im Bankettsaal des Kanzleramtes, wo früher Erich Honecker seiner Margot im schönen Arm lag, ist ein Showdown angesagt. Der mächtigste Mann aus Amerika und der mächtigste Mann aus Deutschland werden am Ende der Konferenz mit dem Titel »Modernes Regieren im 21. Jahrhundert« noch einmal aufeinandertreffen. Vertreter der Weltpresse und zwölf Abgesandte anderer Staaten sind Zeuge des Ereignisses, bei dem es um eine Schlußbilanz für die Medien, aber offensichtlich auch um die Demonstration von Macht geht. Die anderen Staats-und Regierungschefs sitzen schon im Halbrund auf dem Podium. Punkt zwölf erscheint auch Gerhard Schröder und nimmt seinen Platz in der Mitte der Szene ein. Die Luft ist stickig. Die Spannung steigt. Der Kanzler legt den Finger an die Nase, schaut irritiert in die Runde, faltet die Hände, zieht sich am Ohr, rafft die Brauen zum schattenwerfenden Balkon zusammen. Doch der Gegner in diesem Kampf um Aufmerksamkeit läßt auf sich warten – und hat schon gewonnen.

Lange fünf Minuten dauert es, in denen Gerhard Schröder zu einem immer grimmigeren Hagen wird. Dann aber schlendert Siegfried Clinton mit seinem Gefolge herein, strahlend, hell, locker, lässig. Erleichtert seufzt der Saal auf. Aus dem Gesicht des Kanzlers weicht der Grimm. Alle Augen richten sich auf Bill. Alle Kameras gehören ihm. War da was?

Zwei Tage später. Wir sind in Tallinn, der Hauptstadt Estlands, im Palast des Präsidenten. Brav steht Gerhard Schröder an der Spitze seiner Delegation in einem Konferenzraum, wo sich neben dem Kanzler noch Heide Simonis, Michael Steiner, der Leiter der außenpolitischen Abteilung im Bundeskanzleramt, und Béla Anda, der stellvertretende Regierungssprecher, aufgereiht haben. Wieder muß er warten. Präsident Lennart Meri ist nicht zur Stelle, und abermals verdunkeln sich Schröders Blicke, bis der Gastgeber, gut fünf Minuten zu spät, endlich auftaucht.

So also kann es einem deutschen Bundeskanzler ergehen: Der mächtigste Mann der Welt läßt ihn seine Überlegenheit spüren, und einer der ohmächtigsten Politiker auf dem Globus – Estland hat gerade mal anderthalb Millionen Einwohner, wovon ein Drittel Russen sind –, versucht seine Unterlegenheit durch Unhöflichkeit zu kompensieren. Aber Gerhard Schröder nimmt das eine wie das andere gelassen. Abgesehen von diesen hilflosen Verlegenheitsgesten, welche die Peinlichkeit überbrücken sollen, und einer kleinen Qual in seinem Gesicht ist ihm nichts anzumerken. Er bleibt ganz ruhig und Herr seiner Worte. In Berlin spricht er ausschließlich zur Sache, also über das »Netzwerk«, das mit dieser Konferenz begründet werden soll. In Tallinn erfährt man nicht, daß er sich beschwert habe.

Verblüffend allenfalls, daß das Gespräch kürzer dauert als beabsichtigt. Nach weniger als einer halben Stunden öffnen sich die Türen, hinter denen verhandelt wurde, und der Deutsche bekennt, was man in solchen Situationen bekennen muß: Estland sei auf einem sehr, sehr guten Wege; die bilateralen Beziehungen seien ohne Probleme; man habe über den Wunsch Estlands, der NATO und der EU beizutreten, gesprochen; und selten habe er jemanden kennengelernt, der so feinsinnig mit der deutschen Sprache umgehe wie Präsident Meri. Keine Frage, da lobt der Herr Diplomat höchstpersönlich den Esten, und weit und breit ist nichts mehr auszumachen von jenem Gerhard Schröder, der als Ministerpräsident von Niedersachsen niemals um eine Provokation verlegen war.

Hier, auf seiner Reise ins Baltikum, wird ihm ein diplomatischer Balanceakt abverlangt. Er muß Wiedergutmachung leisten für Kohls Mißachtung der Region, muß auch, wie die kleine Demütigung zeigt, die ihm der estnische Präsident verpaßt, den Kopf hinhalten für dessen Politik, muß schließlich bekennen: »Größe verpflichtet zur Bescheidenheit.« Allerdings kann auch er keinen grundsätzlich anderen Kurs einschlagen

Nach dramatischer Begegnung: Gerhard Schröder und Bill Clinton bei der Konferenz »Modernes Regieren im 21. Jahrhundert« im Juni 2000 in Berlin.

als sein Vorgänger. Er kann nur ein Quentchen mehr *goodwill* zeigen, kann die Kränkung für Estland, Lettland und Litauen in den letzten Jahren – daß Helmut Kohl nie ins Baltikum gereist ist – ausbügeln helfen. Deshalb ist er nun hier und bewegt sich wie auf dem Drahtseil.

Daraus entläßt ihn auch der Abend nicht. Präsident Meri hat ins Schwarzhäupterhaus – einstmals Herberge für hanseatische Kaufleute – zum Essen geladen. Und wieder läßt er den Deutschen die baltische Verstimmung spüren, als er eine fast beleidigend kurze Rede hält und nur eines in den Vordergrund rückt: den Wunsch nach einem Beitritt seines Landes zur Europäischen Union. Gerhard Schröder aber bleibt bei seinem Kurs der Gelassenheit und der hilfreich ausgestreckten Hand: »Mir kommt es darauf an, daß dieses Land immer dazu gehört hat«, das ist die eine Formel, die er durchhält und noch genauer faßt: »Estland hat Europa nie verlassen, aber Europa hat Estland verlassen.« Aus diesem Grunde gehe man nun gemeinsam daran, Europa zu bauen: »Das liegt im Interesse Estlands, Deutschlands und Europas.«

Darauf hebt der deutsche Bundeskanzler sein Glas und hofft, »daß wir es schaffen mit dem Beitritt in der Zeit, die wir uns vorgenommen haben«.

Zu präziseren Auskünften ist er nicht bereit, obwohl die Esten vor allem dies erwarten. Dennoch lacht man an Schröders Tisch und prostet sich zu. Von der Empore herab hüllt ein Duo die Abendgesellschaft mit Flöten-und Gegenspiel musikalisch ein. Im gotischen Saal nebenan, zwischen riesigen blauen Kachelöfen – in Tallinn ist es auch an diesem Sommerabend kalt –, gießt man noch Cognac und Kaffee auf die guten Vorsätze, und jedermann weiß, was Sache ist: daß die Balten am liebsten morgen in der EU sein möchten, daß sie wegen ihrer schlechten Erfahrungen mit den Russen heute schon der

NATO angehören wollen, daß die Bundesrepublik jedoch vor allem auf Rußland Rücksicht nehmen muß.

Davon ist zunächst nicht die Rede. Der innere Zirkel dieser Abendgesellschaft findet sich anschließend in einer Bar mit dem Namen Scotch Club zusammen. Graf Lambsdorff, als »Sondergast« auf dieser Reise, ist mit von der Partie, außerdem der estnische Ministerpräsident, dazu ein paar Journalisten und Leute aus der Wirtschaft. Hier sinkt die Unterhaltung bei Bier und im Cohiba-Dunst schnell auf Herrenabendniveau ab. Der Kanzler erzählt einen Witz, der Graf hält mit. Gerhard Schröder zieht nach, und so fort. Doch um 22 Uhr stellt sich der Kanzler im Hotel Schlössle, wo er mit seinen engsten Vertrauten untergebracht ist, noch einmal den mitgereisten und den estnischen Journalisten – sehr offen, sehr klar und sehr abgewogen: Ja, Deutschland habe ein Interesse an der Erweiterung der EU, aber man müsse den Russen die Angst nehmen, sie würden eingekreist. Vielleicht habe die Außenpolitik der Bundesregierung zu wenig Rücksicht genommen auf die baltischen Interessen, doch die Rücksicht auf die Russen dürfe nicht außer acht gelassen werden.

In der Tat: Wladimir Putin, der wenige Tage später in Berlin zu Gast sein wird, ist schon dabei in diesem Kreis. Alles was der deutsche Bundeskanzler hier sagt, soll gleichzeitig die Balten besänftigen und dem russischen Besuch den Boden bereiten. Deshalb spricht Gerhard Schröder in die eine Richtung von der »schrecklich fehlgeschlagenen Geschichte« und in die andere sagt er: »Putin hat den schwierigsten politischen Job, den es im Moment gibt. Er muß das Gewaltmonopol des Staates wieder herstellen – in einem sehr umfassenden Sinne.«

Als Gerhard Schröder im estnischen Tallinn diesen Gruß nach Moskau schickt, da ist Mitternacht längst schon vorbei.

Am Morgen nach einem sehr langen und sehr anstrengenden Tag: Gerhard Schröder, eine robuste Politikernatur, frisch und ausgeruht vor dem Parlament in Tallinn (Estland).

Spaziergang durch die Altstadt von Talinn mit dem estnischen Ministerpräsidenten Mart Laar.

Ein Grüßgott mit dem litauischen Parlamentspräsidenten Vytautas Landsbergis.

Ein Flirt mit der lettischen Staatspräsidentin Vaira Vike-Freiberga.

Ein Rundgang durch die Altstadt von Wilna (links) mit dem litauischen Präsidenten Valdas Adamkus.

Aber immer noch, nach diesem langen und reich gefüllten Tag, ist er munter, sieht er rosig aus, blitzt ihm der Schelm aus den Augen, spricht er deutlich und unterscheidend. Wie sein sozialdemokratisches Vorbild, wie Helmut Schmidt, so ist auch er ein Abend-, ein Nachtmensch. Helmut Schmidt konnte bis drei Uhr in der früh aufbleiben und die Journalisten mit seinen Erläuterungen zur Weltökonomie zur Verzweiflung bringen. Gerhard Schröder hält im Schlössle immerhin bis zwei Uhr durch. Der Chronistin aber fallen die Augen zu im Angesicht dieser robusten Politikernatur.

Meistens mit Masken

Während des Kosovo-Krieges beherrschten die Minister Joschka Fischer und Rudolf Scharping das Feld, sie dominierten nicht zuletzt auf dem Campus der medialen Darstellungen, wo dem Volk das Leiden der Politiker an der schnöden Wirklichkeit eindrücklich vorgeführt wurde. Von Gerhard Schröder prägte sich zunächst nicht viel mehr ein als sein unglücklicher Auftritt an der Seite des russischen Ministerpräsidenten Jewgeni Primakow, dem er hölzern und vor laufenden Kameras klarmachte, daß seine Leistung beim Versuch, Milosevic zum Einlenken zu bewegen, nicht genügt habe. Das war nicht viel mehr als ein Lippenservice für die Weltmacht USA. In dieser schwierigen Situation erschien der Regierungschef der Bundesrepublik Deutschland einigermaßen unselbständig, fast hilflos und versteinert.

Mehr als ein Jahr später, kurz vor der Halbzeit nach dem Machtwechsel von 1998, ist dieses Statuenhafte bei Auftritten auf dem diplomatischen Parkett noch nicht ganz von ihm gewichen. Aber an Geschick hat er gleichwohl zugenommen.

Bundeskanzler Gerhard Schröder, enttäuscht und eine Spur zu unfreundlich, verabschiedet den Moskauer Regierungschef Jewgeni Primakow, nachdem der Russe von seinen erfolglosen Friedensgesprächen mit Serbenführer Milosevic berichtet hat.

Und daß er seinem Außenminister das Terrain nicht mehr allein überlassen will, sondern – wie alle Kanzler vor ihm auch – mehr und mehr davon selbst besetzt, ist gar nicht zu übersehen, ist wohl auch unausweichlich.

Wo die Staats- und Regierungschefs in aller Welt, in diesen und jenen Gruppierungen, immer wieder gemeinsam handeln und Verträge absegnen, da kann der deutsche Bundeskanzler gar nicht abseits stehen. Ganz abgesehen davon, daß einen Regierenden die Aura des Staatsmännischen bei bilateralen und multilateralen Begegnungen eher umgibt als beim innenpolitischen Kleinklein mit Gewerkschaftern oder der Opposition. Oft fällt es nun mal leichter, in der Außenpolitik als in der Innenpolitik Punkte zu sammeln. Aber Gerhard Schröder ist auch geschmeidig. Wer sich von so weit unten bis in die mächtigste Position eines demokratischen Staates emporgearbeitet, wer in seinem Leben schon so viel gelernt hat, der muß vor den Klippen der Diplomatie nicht in die Knie gehen.

So weiß er inzwischen, daß es besser ist, zu loben als zu tadeln. Folglich kritisiert er die Esten nicht, sondern klopft ihnen auf die Schulter. Am Morgen nach der ersten Nacht auf seiner Baltikumsreise steht er, trotz der wenigen Stunden, die er geschlafen hat, frisch und ausgeruht vor dem estnischen Parlament und bekundet seinen »großen Respekt« für die Anstrengungen, die Estland für die Integration der dort noch lebenden Russen unternommen hat.

In Riga, wenige Stunden später, preist er die lettischen Anstrengungen für den Beitritt zur EU als »besonders« und die Präsidentin des kleinen Landes, Vaira Vike-Freiberga, eine aus dem kanadischen Exil heimgekehrte Psychologie-Professorin, als »eine ungewöhnlich weitsichtige, aber auch, wenn ich das sagen darf, charmante Frau«. Und tatsächlich: sie ist hübsch, sie ist elegant, sie ist charmant – an diesem Mittag hat sie sich in ein rosa Seidenkostüm geworfen – , und sie flirtet mit dem deutschen Politiker beim Briefing für die Presse unübersehbar. Die beiden verstehen sich. Das hilft, das sorgt für Auflockerungen.

Am Ende provoziert dieses Einverständnis Gerhard Schröder, der so gern von seiner proletarischen Herkunft erzählt, sogar zu einem ganz unproletarischen Handkuß. Trotzdem stehen die beiden erst einmal wie Standbilder nebeneineinander auf der Treppe des Präsidentenpalastes. Genauso, nachgerade in Gips gegossen, zeigt sich der Kanzler anschließend an der Seite des lettischen Ministerpräsidenten. Signal für eine Restunsicherheit. Dennoch bricht das Maskenhafte an ihm auf, wenn er im Publikum unvermittelt ein bekanntes Gesicht entdeckt oder wenn der Dolmetscher vor Aufregung, statt in die jeweilige Fremdsprache, vom Deutschen ins Deutsche und anschließend vom Estischen ins Estische übersetzt, was große Heiterkeit hervorruft, oder wenn sich aus dem, was gesagt wird, die Chance auf einen schlagfertigen Einwurf ergibt. In solchen Momenten kann Gerhard Schröder die Mundwinkel nicht halten, da reißt der Vorhang der Selbstbeherrschung explosionsartig auf, da springt ihm der Spaß an der Provokation aus den Augen. Immer ist er bereit, aus dem Ernst der Politik in ein Sekundenlachen auszureißen.

Immer und überall, in Estland, Lettland und Litauen, bleibt er aber auch bei seinem politischen Kurs für diese Reise. Keiner seiner vielen Gesprächspartner – drei Präsidenten, drei Ministerpräsidenten, drei Parlamentspräsidenten – bringt ihn davon ab. Die Marschlinie wird ein bißchen variiert, aber nicht verlassen, und sie heißt: Deutschland unterstützt den Willen der baltischen Staaten zum EU-Beitritt, doch sie müssen sich selbst beitrittsfähig machen; Deutschland versteht den Wunsch der baltischen Staaten, Mitglieder der NATO zu werden, Sicherheit kann in Europa allerdings nicht ohne Rücksicht auf russische Empfindsamkeiten gedacht werden. Das ist der Stand der deutschen Interessen. Aber selbstverständlich gibt es Fortschritte. Zahlen werden nicht genannt, dafür kommt dem Gesellen der Diplomatie so etwas wie ein Leitsatz über die Lippen: »Deutschland betreibt eine Politik, die ausschließlich auf Vernunft gegründet ist.«

Genosse im Kreise der Bosse

Auslandsreisen eines Bundeskanzlers ohne Vertreter der deutschen Wirtschaft im Gepäck sind nicht denkbar. Am wenigsten bei Gerhard Schröder. Manager, Bankleute, Mittelständler sind also in seinem Gefolge im Airbus der Luftwaffe mit dem Namen »Konrad Adenauer«, als er in Richtung Baltikum startet, um dort Kontakte zu pflegen oder neu zu knüpfen.

Am Ende des zweiten Tages, spätabends um halb elf, bittet der Kanzler sie allesamt zu einem Gespräch in einen Clubraum des Hotels de Rome zu Riga, wo man sich inmitten altenglisch anmutenden Stilmobiliars in einer ovalen Runde um den Regierenden schart. Der kommt gerade vom offiziellen Abendessen mit dem Ministerpräsidenten und wirkt mächtig gut gelaunt. Das Gespräch eröffnet er mit dem Hinweis, man rede hier »ohne Tagesordnung«, schaut freundlich um sich, zieht an seiner Zigarre und fordert die Versammelten – 13 Männer und nur zwei Frauen – auf, von ihren Erfahrungen und von ihren Erwartungen zu berichten.

Alle, nicht nur der Kanzler, sind vollkommen gelöst und reden auf gleicher Ebene miteinander. Der Herr aus dem Vorstand einer großen Bank gibt den Sprecher, meldet sich für ein *warm up* und beginnt mit einer kleinen Laudatio: Das sei für die Balten eine »ungeheure Nummer, daß Sie hierher gekommen sind«. Hier gäbe es eine Menge Chancen für mittlere und kleinere Unternehmen, fügt ein anderer an, es wäre jedoch gut zu sagen: »Die betreuen wir.« Ein Dritter, Reprivatisierer aus Sachsen, gibt zu Protokoll, mit der Grenzabfertigung sei es besser geworden, aber es dauere immer noch acht Wochen, um Ersatzteile ins Baltikum zu bekommen.

Peter Dussmann, der kleine Schwabe mit dem großen, weltweit agierenden Reinigungsunternehmen, der in Berlin auch ein »Kulturkaufhaus« betreibt, klagt über die Banken, die nur noch den Konzernen ihr Geld ausleihen. »Auch die Dresdner?« schießt der Kanzler mit einem Perfido-Blick auf den Vorstandsherrn dazwischen und setzt hinzu: »Jetzt aber mal los, Banker, auch selbstkritisch.«

»Ich zieh' mir den Schuh nicht an«, wehrt sich einer der Angegriffenen. »Ich habe nicht gedacht, daß hier über Banken und Mittelstand geredet wird«, mosert ein anderer.

»Wir reden über alles«, hält Gerhard Schröder dagegen und wirft den Gedanken, Bankenstrukturen für den Mittelstand zu schaffen, in die Debatte. Nicht der Mittelstand sei das Problem, sondern das Kleingewerbe, weiß der Dresdner, aber Dussmann beharrt: Er könnte doppelt so viel investieren und 6000 Arbeitsplätze schaffen, wenn die Banken mitzögen. Man habe schlechte Erfahrungen gemacht, erzählt einer aus dem Kreditgewerbe. Er schicke ihm gleich mal seinen Finanzchef vorbei, erwidert der listige Schwabe und beharrt auf seinem Grundsatz: »Ohne Moos nix los.«

Und lustig geht's weiter. Immer in streitbarer Tonlage. Gerhard Schröder moderiert und provoziert. Sollten die baltischen Staaten nicht enger zusammenarbeiten? will ein Manager wissen. Es gibt doch historische Gründe, daß sie es nicht tun, weiß der Kanzler. Und was ist nun mit dem Beitritt der baltischen Staatzen zur EU: Könnten die nicht alle gleichzeitig Mitglied werden? wird gefragt. »Die haben doch Angst – alle drei –, daß sie zusammen auf Polen warten müssen«, kontert der Gastgeber dieser Runde und gibt einen Eindruck zum Besten: Die Balten haben die Erwartung, sie geben uns jetzt für zehn Jahre ihre Wirtschaft, und wir geben sie dann auf unserem Niveau zurück. Danach aber wird er ganz sachlich, auf Effizienz bedacht, und bescheidet die Wirtschaftsleute: Sie dürften von der Politik nicht zuviel erwarten. Die Banken, zum Beispiel, »die müssen Sie selber prügeln«.

Doch dieser Abend in Riga soll auf keinen Fall folgenlos verrauschen. Deshalb hält Gerhard Schröder fest: »Wir müssen überlegen, was wir tun können.« Und dafür will er nun Sorge tragen: Erstens gilt es die wichtigsten Leute zusammenzubringen. »Aber es gibt gar nicht so viele, die etwas davon verstehen.« Zweitens bekommt Axel Gerlach, Staatssekretär aus dem Bundeswirtschaftsministerium, der hier, dem Kanzler gegenüber, mit im Kreise sitzt, den Auftrag, alle Anregungen und Erwartungen in die Regierungsüberlegungen einzuspeisen: »Wobei Sie uns nicht überfordern dürfen.« Drittens: An einem noch zu findenden Termin im September wird man sich wieder zusammensetzen: »Dann fragen wir: Wo müssen wir nacharbeiten; dann muß aber auch gefragt werden: Was könnt ihr machen?«

Fast ein Du läßt sich da hören in dieser Runde. Auf gar keinen Fall aber ist der Bundeskanzler ein Fremder unter diesen Bossen. Er kann mit ihnen, und er weiß: sie sind es, die Arbeitsplätze schaffen. Fast wie ein Credo klingt es, wenn er sagt: »Wirtschaft, davon leben wir doch alle.«

Deshalb bekennt er sich ausdrücklich dazu, auf solchen Reisen »etwas zu tun für unsere Leute«. Denn: »Viele wollen immer noch nicht, dass wir top sind.« Aber die Amerikaner pflegen auch die Landschaft: »Wir sollten das geschickter machen als sie«, und natürlich: »Goethe ist dabei sehr wichtig.« Dazu gehört dann, daß Deutschland in den Führungsgremien der internationalen Organisationen angemessen vertreteten ist. Denn »die Siegermächte« teilen die Jobs nach wie vor unter sich auf. Im Streit um den Chefposten der Weltbank, zum Beispiel, plaudert der Kanzler nun aus dem Nähkästchen, »haben mir ganz viele Leute gesagt: Junge, hart bleiben.« Und mit sichtlichem Stolz darüber, daß er sich am Ende durchgesetzt hat – bei allen Schwierigkeiten, die es mit den Amerikanern um die mißglückte Kandidatur von Cajo Koch-Weser und die schließlich geglückte von Horst Köhler gab – setzt er drauf: »Wenn man kämpft, muß man gewinnen.«

Da wollen die Herren von der deutschen Wirtschaft ihren Beifall und ihren Dank nicht länger zurückhalten. Mit der Erinnerung an Helmut Kohl im Hinterkopf, den sie nur als machtbewußten und ich-bezogenen Dozenten kennengelernt haben – »Der hat nur geschwafelt«, mault Peter Dussmann auf dem Rückflug, »mit Schröder kann man reden, der bewegt auch was« –, überreichen sie dem Nachfolger einen Strauß freundlicher Worte: »Das ist neu, das wir einen Bundeskanzler haben, der bereit ist, abends so ein Gespräch zu führen – das ist wirklich vollkommen neu!« Mittlerweile ist es fast halb eins. »Jetzt machen wir Schluß und gehn ins Bett«, sagt Gerhard Schröder. Aber alle bleiben fröhlich noch ziemlich lange sitzen.

Alte Lasten und neue Selbstbewußtheit

Es regnet in Wilna. Wir haben einen unfreundlichen und kalten Tag in dieser Stadt erwischt. Auch das Haus des Parlaments, wo es während des Umbruchs fast zu bewaffneten Auseinandersetzungen gekommen wäre und wo der deutsche Kanzler sich gerade aufhält, ist kein anheimelnder Ort. Immer noch atmet es die Platten- und Plasteödnis realsozialistischer Zeiten aus. Aber nirgendwo auf der Welt sind die Namen der Leute schöner als hier in Litauen. Gerhard Schröder spricht mit »Herrn Andrius Kubilius« – so weist es das Protokoll aus –, dem Ministerpräsidenten. Auf dem Programm des Gastes stehen zudem Begegnungen mit dem Vorsitzenden des Parlaments, Herrn Vytautas Landsbergis, und mit dem Präsidenten der Republik, Herrn Valdas Adamkus. Durch die Altstadt aber geleitet den deutschen Bundeskanzler der Doktor Simonas Alperavicius. Er heißt und sieht auch so aus, als käme er schnurstracks aus Hoffmanns Erzählungen. Ein alter, weißhaariger Herr, mit einem sehr feinen Gesicht und wissenden Augen – seines Zeichens der Vorsitzende der jüdischen Gemeinde in Wilna.

Denn Wilnas Altstadt, das war einmal das jüdische Ghetto. Selbst wenn er es wollte, was nicht der Fall ist: Hier kann der Bundeskanzler der deutschen Geschichte nicht entkommen. Erst einmal gilt es jedoch, der Wiederherstellung zerfallener oder zerstörter Gemäuer Respekt zu zollen. Viele Häuser sind hübsch restauriert, in Pastellfarben verputzt. Und weil es während der Besichtigung immer stärker regnet und dazu noch so gräßlich kalt ist, schwenkt der Troß der Besucher, dem Kanzler folgend, plötzlich nach links und fällt für eine Viertelstunde in einem Bierlokal ein. Da sitzt der Deutsche im Kreis von Litauer Juden auf der Bank, bestellt sich ein Bier und läßt sich vom Direktor des Jüdischen Museums ein jiddisches Lied vorsingen, läßt sich auch erzählen, daß die Muttersprache des noch jungen Mannes Jiddisch sei, ist unversehens hineingezogen in die Überreste einer Welt, die es nicht mehr gibt. Und er weiß: Es hat mit Deutschland zu tun, daß dieses Leben untergegangen ist.

So läßt er sich zwar von der Leistung der Litauer, das alte Viertel wieder aufzupolieren, durchaus beeindrucken. Er lobt »die Kleinode«, die entstanden sind, trabt auch brav die mit Kopfstein gepflasterten Gassen dazwischen rauf und runter.

Aber sein Augenmerk bleibt vorweg auf das Schicksal der einst geschundenen und verfolgten Minderheit gerichtet. Deshalb kommt es am Schluß zu einer merkwürdigen und eigentlich unschröderschen Geste. Der deutsche Gast verabschiedet sich nicht mit einem schlichten Handschlag von dem alten Herrn, er legt ihm nicht die Hand auf den Arm oder auf den Rücken – was er sonst gerne tut –, vielmehr nimmt er dessen Rechte, seltsam bewegt, in beide Hände.

Nach all dem Unvorstellbaren, was den Juden zugefügt wurde, das gesteht er ein, sei er dankbar dafür, daß ein Deutscher mit so viel Freundlichkeit empfangen werde. Und in seiner Rolle als Staatsgast gibt er später, als er sich zusammen mit dem Präsidenten der Presse stellt, öffentlich zu Protokoll: Er sei beindruckt, wie sehr man in Wilna in die Zukunft schaue, er könne hier aber auch spüren »wie schwer unsere Geschichte drückt«.

Die Geschichte als eine Last: das hat er die Jahre als Ministerpräsident in der kleinen Welt von Hannover nicht empfunden. Im Amt des Bundeskanzlers freilich kann er die deutsche Vergangenheit nicht übergehen. Und natürlich ist sie in Berlin viel gegenwärtiger als in Bonn. Wie aber stellt er sich darauf ein? Teilt er die – in seiner Altersgruppe – verbreitete Neigung, alles Deutsche in Sack und Asche zu stecken? Heilung und Vergebung im Multikulturellen zu suchen?

Willy Brandt ging in Warschau in die Knie. Helmut Schmidt – er hatte einen jüdischen Großvater, was lange Zeit niemand wußte, und eine Vergangenheit als Weltkriegsoffizier – war mit ökonomischen Problemen, mit der Ölkrise und dem Terror der RAF beschäftigt. Helmut Kohl, der Kanzler der Einheit, Kanzler der größer gewordenen Republik, ging in dieser Frage immer auf leisen Sohlen. Von der mißglückten und mißverstandenen Bemerkung der »späten Geburt« abgesehen, vergaß er nie, auf die Empfindsamkeiten der Nachbarn Rücksicht zu nehmen.

Gerhard Schröder aber ist nun der erste Bundeskanzler Republik, der sich etwas unbefangener der deutschen Geschichte stellt. Anno 1944 geboren, weiß er, was geschehen ist, aber er weiß auch: Seine Generation ist frei von jeglicher Schuld. Und so läßt er sich, wie während der Begegnung mit dem Vorsitzenden der jüdischen Gemeinde in Wilna, offenbar tief anrühren von den schrecklichen Ereignissen im sogenannten Dritten Reich. Aber er läßt sich nicht niederdrücken. Er steht zu den Pflichten, etwa der Zahlung von Entschädigung an ehemalige Zwangsarbeiter des Dritten Reiches. Auch das geplante Mahnmal für die jüdischen Opfer Hitlers nennt er in diesem Zusammenhang. Doch schwingt in seiner Haltung etwas von neuer Selbstbewußtheit mit, ohne daß da jemand den Kopf auch nur einen einzigen Zentimeter zu hoch trägt. Das heißt, die Gegenwart soll hinter der Vergangenheit nicht zurückstehen: »Wir sind 82 Millionen, die wichtigste Wirtschaftsmacht in Europa«, sagt er zum Beispiel ganz ohne Aplomb, »das muß man nicht raushängen, aber das muß man wissen.«

Eine Kraft zum Guten

Gerhard Schröders Wissen vom Gewicht der Bundesrepublik ist keineswegs abstrakt, ist vielmehr höchst real. Er kann ihm gar nicht ausweichen. Täglich drängt es sich ihm auf. So in den Worten, die ihm der litauische Präsident, kein Provinzpolitiker im übrigen, sondern ein Mann, der die meiste Zeit seines Lebens in Amerika verbracht und dort eine erste Karriere gemacht hat, bevor er in die Heimat zurückkehrte, zum Abschied mit auf den Weg gibt: Deutschland spiele eine »große Rolle«. Das sagt der Litauer am 7. Juni 2000 in Wilna. Ebenfalls im Juni, in seiner Rede vor dem Deutschen Bundestag, spricht Jacques Chirac, der französische Präsident, von dem »Deutschland, das zu sich heimgekehrt ist«, von dem Deutschland, das wieder einen Platz »unter den bedeutendsten Nationen« einnimmt.

Hinzu kommt, daß in den ersten Juniwochen des Jahres 2000 die Großen der Welt in Berlin ihre Aufwartung machen. Die Einflußreichsten geben sich hier die Klinke in die Hand. Erst ist Bill Clinton zu Besuch, dann reist Wladimir Putin an, Kofi Annan trifft ein, die Queen schaut vorbei, und Zhu Rongji setzt sich selig in den Transrapid. Auch überall, wo Gerhard Schröder vor und nach diesen Besuchen hinkommt, vor allem in den Ländern jenseits der ehemaligen Demarkationslinie zwischen Ost und West, trifft er auf gewaltige Erwartungen, was die Tüchtigkeit, die Hilfsbereitschaft, die Wirtschaftskompetenz und den politischen Einfluß Deutschlands in der Welt angeht. Das Land steht nicht mehr am Pranger. Nicht mit den Kategorien von Schuld und Sühne wird es gemessen. Seine Kraft, an der unter Adolf Hitler so unendlich viel auf schrecklichste Weise zu Grunde ging, gilt heutzutage uneingeschränkt als eine Kraft zum Guten.

Die Welt macht ihre Aufwartung beim deutschen Bundeskanzler: Gerhard Schröder mit dem chinesischen Ministerpräsidenten Zhu Rongji im chinesischen Pavillon der Expo 2000 in Hannover (Seite 76 oben); mit dem russischen Staatspräsidenten Putin, dem Regierenden Bürgermeister Diepgen und Ehefrauen am Brandenburger Tor (darunter); mit dem französischen Staatspräsidenten Jacques Chirac in Potsdam.

Keine Frage, da erntet Gerhard Schröder, was alle seine Vorgänger zusammen – von Adenauer bis Kohl – gesät haben, erntet die Früchte einer Politik der Anerkennung von Schuld, der Wiedergutmachung, der Loyalität mit dem Westen, der Vertragstreue; er profitiert von jahrzehntelangem Augenmaß und Fingerspitzengefühl in der Außenpolitik und von der an ein gelungenes Grundgesetz gebundenen menschenfreundlichen Balance im Innern. Auf dieser gefestigten Grundlage kann er nun den aufrechten Gang gehen und sich im geraden Blick üben. Glücklicher Gerd. Das alles kommt auch seinem persönlichen Naturell entgegen. Hat er doch ziemlich wenig Talent, sich zu verstellen. Er darf also ungeschmälert er selbst bleiben, und das Land, im dem er regiert, darf fünfundfünfzig Jahre nach Kriegsende ohne Scheu sein, was es heute tatsächlich ist.

Und doch, und doch: Das Gleichgewicht käme schnell ins Wanken, leistete sich die Bundesregierung irgendeinen Fehltritt, der die Gelegenheit gäbe, an das Vergangene zu erinnern. Andere Völker und Politiker oder hiesige und ausländische Journalisten, Publizisten, Wissenschaftler würden die Chance nicht auslassen, die Deutschen zu schmähen, zu isolieren, etwas untilgbar Nationalsozialistisches im deutschen Volkscharakter zu entdecken. Es ist eben in allen Worten und Taten, welche die deutschen Rolle im Konzert der Völker betreffen, immer noch mehr Feingefühl vonnöten als irgendwo sonst auf der Welt. Weshalb Michael Steiner, der Leiter der außenpolitischen Abteilung im Kanzleramt, über die neue Politik sagt: »Wir sollen uns nicht kleiner machen, als wir sind. Das erweckt Mißtrauen. Aber wir dürfen auch nicht großkotzig sein«. Und der Kanzler selbst hält fest: »Vergangenheit nicht zu verdrängen, nicht zu vergessen, erlaubt erst, Gegenwart und Zukunft so zu gestalten, daß man von aufrechtem Gang reden kann. Völlig geschichtslos zu leben, das wäre ja Protzerei. Und das will ich natürlich nicht.«

Hat Gerhard Schröder nun mutig den letzten Schritt auf einem Weg getan, der schon seit langem vorsichtig begangen worden ist? Es ist wohl eher so, daß er ausdrückt und darstellt, was schon ein gutes Weilchen Wirklichkeit ist. Aber wahr ist auch, daß er diese Wirklichkeit sich und anderen bewußt macht, die Wirklichkeit eines nach einem halben Jahrhundert wieder starken, aber gleichzeitig unumkehrbar geläuterten Deutschland. Und selbstverständlich steht er mit der neuen deutschen Selbstbewußtheit auch für eine Generation, die sich in tausendundeiner antifaschistischen Aktion abgerackert hat.

Sie war der wandelnde, der demonstrierende und diskutierende Vorwurf gegenüber den Vätern, sie münzten ihren Generationenkonflikt in einen politischen um und erregten sich am vermeintlichen oder tatsächlichen Faschismus in der alten Bundesrepublik ein gutes Jahrzehnt lang. Was die Alten unter Hitler versäumt hatten, das wollten sie nun nachholen. Die Vergangenheit mußte bewältigt werden – und sei es im Kampf gegen die Institutionen der braven Bundesrepublik, in denen man den fachistischen Rest vermutete und an deren Spitze man nun höchstselbst regiert.

Einen Marsch durch die Institutionen wollten sie antreten, ein Marsch durch die Illusionen ist daraus geworden. Sie haben das Bundesrepublikanische erst bekämpft, um es zu verändern und schließlich zu verinnerlichen. Und keiner könnte nun überzeugender sein in der Rolle der selbstbewußten Vertreter des Landes als diese Konvertiten. Das gilt natürlich noch viel mehr für den Außenminister Joschka Fischer als für den Kanzler, der nie ein Achtundsechziger und immer mehr mit Aufstieg als mit Ausstieg beschäftigt war. Gleichwohl ist

Gerhard Schröder der Kanzler aus dieser Generation und gewiß ein Musterbeispiel derer, die sich im Vollbesitz eines neuen, modernen, weltoffenen und hilfsbereiten Deutschlands fühlen.

Das gibt ihm Sicherheit. Das erlaubt ihm eine gewisse Nonchalance. Das bewirkt, daß seine Politik – bis jetzt zumindest – niemanden provoziert und als das genommen wird, was andere Industrienationen in Europa und in der Welt auch tun. Trotzdem hat mit dem Zeitpunkt, als er zum ersten Mal Fuß faßte auf dem diplomatischen Parkett – also seit seinem Auftritt beim EU-Gipfel in Berlin im Frühjahr 1999 und der Verabschiedung der Agenda 2000 –, etwas Neues begonnen in der deutschen Außenpolitik.

Minister, Mitarbeiter, Berater

Kanzler und Vizekanzler

Wir schreiben den 8. Juni 2000. Der Oppositionsführer Friedrich Merz spricht im Deutschen Bundestag gerade über die Osterweiterung der Europäischen Union. Auf der Regierungsbank sitzt der Außenminister und demonstriert Verachtung. Er räkelt sich, schaukelt mit seinem Sitz vor und zurück, scherzt nach hinten zu seiner Parteifreundin Christa Nickels, blättert in Akten, trommelt mit den Fingern aufs Pult, läßt seinen Bleistift beben – fast so wie Helmut Kohl in vielen Debatten einst dem politischen Gegner mit den Mitteln der Körpersprache Aufmerksamkeit und Respekt verweigerte. Keine Frage, er ist der Wissende, der Ungeduldige, der Überlegene, der elegante und brillante Minister. Beim anschließenden Schlagabtausch mit dem Oppositionsführer bleibt er auch unzweifelhaft Sieger. Ja, Joschka Fischer ist die Diva in Gerhard Schröders Truppe.

Der Kanzler nimmt wieder mal lange nicht so viel Aufmerksamkeit für sich in Anspruch. Unverhofft sitzt er neben seinem Vize, ganz ruhig, ein bißchen mißmutig, ein bißchen müde. Er hat ja auch eine anstrengende Reise hinter sich, und die Wochen, die vor ihm liegen, werden noch anstrengender sein. Hier aber kann er kurz ausspannen, hier wird für ein paar Minuten nicht mehr von ihm erwartet, als seinem Außenminister beim Reden zuzuhören. Der aber, eben noch allein in der ersten Reihe der Regierungbank, bricht, bevor er selbst an der Reihe ist und zum Pult geht, seine Schau ab, wendet sich Gerhard Schröder zu, noch einmal und noch einmal. Und sieht es nicht so aus – man kann es kaum glauben –, daß sich in dieser Zuwendung eine Spur Nach-oben-schauen ausdrückt? Das Wissen, daß der andere der Chef ist? Daß er, Joschka Fischer, dem Kanzler gefallen will?

Dabei ist es gar keine Frage, daß er gefällt. Gerhard Schröder sagt über seinen Außenminister, daß er »seine besondere politische Rolle, auch seine besondere politische Begabung« schätzt. Und Fischer lobt im Gegenzug an Gerhard Schröder inzwischen dessen »starken Willen, Lernfähigkeit und politischen Konsensinstinkt«. Das heißt nicht mehr und nicht weniger, als daß sie – die sich in dieser Koalition vertraglich zusammengefunden haben – heute auch gegenseitig achten. Freunde sind sie gleichwohl nicht. Joschka Fischers Freund hieß Lafontaine. Den lud er auch zu seinem fünfzigsten Geburtstag ein, doch wie sich der Oskar dann »vom Acker« gestohlen hat, das ist dem Grünen bis heute ein Rätsel: »Ich verstehe es nicht. Ich habe keine Erklärung dafür.«

Ursprünglich war Gerhard Schröder für Joschka Fischer wohl eher ein Bruder Leichtfuß. Und Gerhard Schröders Begeisterung für die Grünen hielt sich – wie aus der Zeit der rot-grünen Koalition in Niedersachsen bekannt ist – sowieso in Grenzen.

Was also verbindet die beiden? Worin sind sie sich ähnlich, worin verschieden? Weshalb ziehen sie – von deren Geschick der Fortbestand der gegenwärtigen Koalition abhängt – so gut an einem Strang?

Beide kommen aus kleinen Verhältnissen, aus den unteren Etagen der Gesellschaft. Doch diese Herkunft sieht nur auf den ersten Blick verwandt aus. Joschka Fischer stammt aus einem kleinbürgerlichen Milieu. Der Vater war immerhin Metzgermeister. In Ungarn, von wo die deutschstämmige Familie nach dem Krieg kam, hatten die Fischers sogar Vermögen gehabt. In der Bundesrepublik konnten sie den Status der Selbständigkeit mit einem eigenem Geschäft nicht aufrecht erhalten. Seine Metzgerei im entzückend idyllischen Langenburg mußte der Vater aufgeben. Die ersten sieben Jahre seines Lebens, paradiesische Jahre, hat Joschka Fischer dort auf einem hohenlohischen Anhügel verbracht. Aber auch später, als sein Vater im Stuttgarter Schlachthaus oder in Stuttgarter Kaufhäusern arbeitete, lebte die Familie zwar in bescheidenen, doch sehr geordneten Verhältnissen. Die drei Kinder gingen eine Zeitlang aufs Gymnasium. Und daß Sohn Joschka auf eine ziemlich abschüssige Bahn geriet, hatte, zum einen, mit einer zuerst heißgeliebten, aber dann als viel zu bestimmend empfundenen Mutter zu tun, gegen deren besitzergreifendes Regiment er aufbegehren mußte. Es lag, zum anderen, an den Zeitläuften, die dazu angetan waren, einen ganz gewöhnlichen Generationenkonflikt politisch aufzuladen und damit zu verstärken. Der politische Aufruhr, die Studentenrevolte, unterlegte den persönlichen Problemen einen politischen Nährboden. So konnte der Halbwüchsige aus der Familie ausbrechen, aus Schule und Lehre aussteigen und sich jahrelang in einer Haltung der Ablehnung aller bürgerlichen Ordnungen, ja als Revolutionär, gerechtfertigt fühlen.

Worauf Joschka Fischer mutwillig verzichtete – Familie, Schule, Bildung, Universität –, danach hat sich Gerhard Schröder heiß gesehnt. Was Fischer besaß – einen Vater –, mußte er entbehren. Joschka Fischer lebte als Junge in einer Dreizimmerwohnung. Gerhard Schröder wuchs in Baracken auf. Sein Vater, ein Hilfsarbeiter, war aus dem Krieg nicht zurückgekommen. Die Mutter ging putzen. Auch Joschka Fischers Mutter arbeitete erst in der Metzgerei mit und führte später, als ihr Mann gestorben war, einem alten Herrn den Haushalt. Doch Elisabeth Fischer war die redegewandte Macht in der Familie. Hier regierte die Mutter, bei Schröders hatte immer wieder der junge Gerhard den Part als ordnendes Element. So etwa, wenn »Löwe«, so nannten die die Kinder ihre Mutter, wieder irgendeinem Drücker auf den Leim gegangen war und sich zu einem Kauf hatte überreden lassen, der nicht bezahlt werden konnte. Dann mußte der Sohn die Angelegenheit richten. Damals schon träumte er davon, einmal Rechtsanwalt zu werden und wie Perry Mason, jener segensreiche Advokat aus einer amerikanischen Krimiserie, die armen Leute herauszupauken.

Joschka Fischer saß bis zu seinem sechzehnten Lebensjahr im Gottlieb-Daimler-Gymnasium in Stuttgart-Bad Cannstatt auf der Schulbank. Gerhard Schröder besuchte erst einmal nur die Volksschule. Der eine wollte aussteigen, der andere wollte aufsteigen. Der eine blieb sehr lange, nämlich über ein Jahrzehnt hinweg, ein Außenseiter und tummelte sich im Frankfurter Sponti-Milieu. Der andere schaffte es mit einer unglaublichen Anstrengung, über den zweiten Bildungsweg zum Insider voranzukommen. Joschka Fischer hatte mit den Barrieren in sich selbst zu kämpfen. Gerhard Schröder mußte die Schranken seiner Herkunft überwinden.

Daß beider Aufstiege glückten, setzt besondere, dem einen wie dem anderen gegebene Eigenschaften voraus: Zielstrebigkeit, Energie, Lernbereitschaft, Ausdauer und schnelle Auffassungsgabe. Darin sind sich Kanzler und Vizekanzler sehr ähnlich. Gerhard Schröder hat mit diesen Anlagen erst die Mittelschule, dann das Abitur nachgeholt und Jura studiert – mit allen Ehren, bis zur Befähigung für das Richteramt. Joschka Fischer hat nichts dergleichen mehr aufgeholt oder nachgeholt, er vermag keinen einzigen Schulabschluß vorzuweisen. Alles, was er weiß und was er kann, hat er in nächtlichen

Lesestunden und aus dem Leben gelernt. Joschka Fischer ist ein Autodidakt.

Beide Politiker haben in einfachen Berufen gearbeitet. Gerhard Schröder als Lehrling und Verkäufer in einem Haushaltswarengeschäft. Joschka Fischer am Band bei Opel und später, fünf Jahre lang, als Taxifahrer im nächtlichen Frankfurt. Während Schröder sich über den zweiten Bildungsweg aus den trüben Verhältnissen seiner Jugend herausarbeitete, diesen Kurs auch nicht aufgab, tatsächlich Rechtsanwalt wurde und sich ihm die Politik nur als eine weitere Möglichkeit anbot, aus dem Dreck herauszukommen, gab es für Joschka Fischer bloß diese eine Chance: Politik und noch einmal Politik. Das war von 1968 an das Elixier seines Lebens, der Motor für all die erstaunlichen Bewegungen in seinem Werdegang.

Als Schröder schon lange auch in der Politik Erfolg haben wollte – und zwar möglichst weit oben, um »erlittene Unbill« auszugleichen, da ging Fischer noch ganz in seinen Frankfurter Sponti-Kämpfen auf, ein Achtundsechziger, der zu Beginn seiner rebellischen Phase sogar eine Zeitlang auf der Straße gelebt hatte, eine schon fast gescheiterte Existenz und auf dem besten Wege, als desillusionierter Taxifahrer zu enden.

Aber dann kam doch alles ganz anders. Schauen wir, zum Beispiel, auf das Jahr 1979. Gerhard Schröder ist zugelassener Rechtsanwalt und Juso-Vorsitzender. In dieser Zeit beginnt Joschka Fischer langsam aufzuwachen. Er schreibt die ersten Sponti-kritischen Aufsätze im *Pflasterstrand*, in denen er seine Mitkämpfer darauf hinweist, daß es die Revolution einfach nicht gab – »es gab und gibt sie lediglich in uns«. Aber mehr als ein Jahrzehnt ist er ihr bis dahin doch nachgelaufen. Gerhard Schröder dachte alles andere als umstürzlerisch. Die Abschaffung des Privateigentums an Produktionsmitteln erschien ihm absurd. Er wußte, was es heißt, kein Privateigen-

tum zu haben, strebte eher danach, es zu erlangen. Auch wollte er dieses System nicht umkrempeln, sondern in ihm vorankommen. Allenfalls übte er sich in einem kleinen Aufstand – auch er spricht heute manchmal, nicht ohne selbstironischen Unterton, von der Zeit, in der er »Revolution« gemacht habe, eine Revolution allerdings nur gegen die Führung in der eigenen Partei und gegen die Nachrüstungspläne des sozialdemokratischen Bundeskanzlers Helmut Schmidt.

1980 wird Gerhard Schröder zum ersten Mal in den Bundestag gewählt. 1983, nach dem Machtwechsel von der Regierung Schmidt-Genscher zur Regierung Kohl-Genscher, sitzt er abermals im Bonner Parlament. In dem bunten Trüppchen der Grünen, die hier ihr Debüt geben, ist auch ein junger Abgeordneter namens Joschka Fischer vertreten, ein ehemaliger Steinewerfer, Häuserbesetzer und Startbahndemonstrant.

Bundeskanzler Gerhard Schröder und Außenminister Joschka Fischer auf dem Rückflug von ihrer ersten Auslandsreise im Amt nach England am 2. November 1998.

In Frankfurt hat er schon einen Namen als Tribun der Protestszene. In Bonn kennt ihn niemand. Das ändert sich im Laufe der Legislaturperiode, nachdem er mit ein paar Reden – etwa zum Fall Wörner-Kießling oder zum Streit um Heiner Geißlers Bemerkung, der Pazifismus der dreißiger Jahre habe Auschwitz erst möglich gemacht – Aufmerksamkeit erregt hat.

In diesem Moment, da sich ihre Laufbahnen zum ersten Mal berühren, sind die beiden entscheidenden Männer der späteren rot-grünen Bundesregierung nicht mehr ganz jung. Gerhard Schröder ist 39 Jahre alt, Joschka Fischer hat 35 Lenze auf dem Buckel. Aber alle beide sind ausreichend wirklichkeitserfahren, um sich bald zu pragmatisch denkenden Politikern weiterzuentwickeln.

Bei Gerhard Schröder stand das Fegefeuer gleich am Anfang. Die Jahre der Armut, der Entbehrungen, der sozialen Demütigungen und dazu die Chance, dies alles zu überwinden, haben ihn für alle Zeit gefeit gegen Visionen, Illusionen und Ideologien. Er hatte keinerlei Grund, von einem politischen Jenseits zu träumen, nachdem ihm im Diesseits die Möglichkeit eröffnet worden war, sich die meisten Wünsche zu erfüllen. Joschka Fischer hingegen, ursprünglich ein verwöhntes Muttersöhnchen, konnte – und darin ähnlich den Bürgerkindern, wie Tom Koenigs, die ihr ererbtes Vermögen dem Vietcong vermachten – gefahrlos an Utopia denken. Er und seinesgleichen verließen den sicheren Hort, starteten von einem angenehmeren Leben aus ins Abenteuer. Die Ernüchterung kam also viel später, zumindest bei den Intelligenteren. Sie entwickelte sich an der Vergeblichkeit der anfangs gesetzten Ziele, sie entwickelte sich in dem Moment, als die wahre Welt wahrgenommen und begriffen wurde.

So sehen wir im Deutschen Bundestag zu Bonn im Jahre 1983 schon zwei vergleichsweise vernünftige Politiker: Gerhard Schröder, der nie vergißt und auch immer wieder davon redet, welche Chancen ihm dieses politische System gab, das die Genossen auf der Linken so schnöde verachten. Und Joschka Fischer, der verstanden hat, daß man in einem demokratischen Parlament mehr verändern kann als in einer eingebildeten Revolution, und daß das Grundgesetz der Bundesrepublik eine großartige Verfassung ist, die ein größtmögliches Maß an Freiheit und Gerechtigkeit sichert. Alle beide merken auch schnell, daß hier, wie nirgend sonst in dieser Gesellschaft, ihre Talente aufblühen können, daß sie am richtigen Platz sind – für Fischer hätte es freilich gar keinen anderen gegeben –, um die Defizite und Versäumnisse ihrer Jugend auszubügeln. Zwei leidenschaftliche Bundesrepublikaner also drücken da die Bänke des Parlaments, wobei die Passion des Joschka Fischer wie nach einem Ritt über den Bodensee, bei dem er alles hätte verlieren können, wohl noch ein bißchen tiefer empfunden wird, als es Gerhard Schröder gegeben ist.

Zwei Laufbahnen haben sie hinter sich gebracht, zwei Karrieren hingelegt, welche die Offenheit der bundesrepublikanischen Gesellschaft bezeugen, zwei Leben gelebt, die von ihren Gaben und Stärken und vielen Erfolgen erzählen. Das alles hat sich ihnen zweifellos in die Knochen gesetzt. »Er hat ein großes Ego«, sagt Joschka Fischer zum Beispiel über den Kanzler, »mindestens so groß wie meines.«

Wohl wahr, und fraglos sind Kanzler und Vizekanzler die beiden Stars der rot-grünen Bundesregierung, nicht nur die beiden wichtigsten Figuren im Kabinett. Sie führen auch die Skalen der Beliebtheit an. Und sie stehen – der eine offiziell, der andere als »heimlicher Vorsitzender« – auch an der Spitze ihrer Parteien.

Aber kann ihre Partnerschaft überhaupt gutgehen? Müssen sich die beiden Erfolgreichen nicht ins Gehege geraten? Wie kommt es, daß von Rivalität so gut wie keine Rede ist? Das hat erstens gewiß mit jenem schon erwähnten »großen Ego« zu tun. Zwei, die satt und souverän sind, müssen sich nicht bekriegen. Meistens sind es die mit dem ungestillten Hunger, die keine Ruhe geben. Zweitens: die Kompetenzen sind klar verteilt. Der Außenminister leitet seinen Geschäftsbereich selbständig und in eigener Verantwortung, und der Bundeskanzler bestimmt die Richtlinien der Politik. So steht es im Grundgesetz, und so hat es sich auch der Kanzler zurecht gelegt: »Alle wichtigen Fragen werden mit mir besprochen, aber ich weiß andererseits auch, daß ich ihm weder reinreden kann, formal, noch will.«

Da das Kanzleramt eine eigene außenpolitische Abteilung hat und da alle Kanzler in der Geschichte der Bundesrepublik automatisch von Innenkanzlern zu Außenkanzlern mutieren, sind kleinere Plänkeleien immerhin zwischen Amt und Amt vorprogrammiert. Ein Grund dafür ist unter Umständen in der Eitelkeit der Kanzlerberater zu suchen, die dem Regierenden an der Spitze der außenpolitischen Abteilung dienen – unter Kohl hießen sie Teltschik und Bitterlich, heute sitzt Michael Steiner auf diesem Posten – und die sich, weil sie im Zentrum der Macht ihren Platz haben, niemals als Erfüllungsgehilfe des Auswärtigen Amtes sehen.

Ein anderer Grund dafür, daß die Kanzler heutzutage den Außenministern in ihr Geschäft funken, liegt an der ausgedehnten Reise- und Konferenzdiplomatie der Staats- und Regierungschefs. Sie sind einander die wichtigsten Ansprechpartner, danach erst rangiert die Kaste der Außenminister. Was wunderbar zu beobachten war, als der amerikanische Präsident Bill Clinton während seines Deutschlandbesuches am Hintereingang des Kanzleramtes vorfuhr und sich die Presse samt den Höflingen von Gast und Gastgeber um ihn und den begrüßenden Kanzler scharten. Aus irgendwelchen nachgeordneten Autos hopsten dann Madeleine Albright und Joschka Fischer, eilten den beiden Allerwichtigsten hinterher, und keiner, kein einziger, sah richtig hin.

Das hält Joschka Fischer gut aus, so wie es Gerhard Schröder auch aushält, wenn er mal nicht im Mittelpunkt steht. Aber Joschka Fischer kann gar nicht anders, als sich und seine Bedeutsamkeit zu inszenieren. Der Außenminister ist, bis jetzt zumindest, viel mehr Staatsdarsteller, ist überhaupt viel mehr Schauspieler als Gerhard Schröder. Die Würde des Amtes hat er verinnerlicht und trägt sie auch nach außen. Zum Beispiel, wenn er mit hochgezogenen Brauen zahllose Ähs in seine Sätze streut, während er über Rußland und den Tschetschenienkrieg doziert. Und doch weiß er: »Alle Kraftlinien aus der Republik laufen durch den Kanzler, alles geht über seinen Schreibtisch.«

Insofern kann sich Gerhard Schröder ganz auf die Macht konzentrieren.

Daß er bei seinen Auftritten nicht nur auf die Wirksamkeit, sondern auch auf die Würde des Amtes zu achten hat, daß er zum Beispiel mit Staatsgästen Ehrengarden abschreiten muß, das lernt er gerade erst. Anfangs kam es ihm lästig und lächerlich vor, zumal er ein ganz »ziviler Mensch« ist, wie er gerne bekennt. Jetzt aber begreift er, daß auch demokratisch legitmierte Herrschaft Rituale braucht, um sich verständlich zu machen und angenommen zu sein, oder auch: um einem Gast die ihm gebührende Ehre zu erweisen. Mehr und mehr wird es sich der Bundeskanzler auch überlegen, ob er überall antanzen muß – bei Gottschalk etwa, wo sie ihn fragen, ob er seine Haare gefärbt hat, oder in Zürich vor dem Entscheid über den Austragungsort der übernächsten Fußballweltmeisterschaft, was manche deutsche Zeitungen zu der Bemerkung veranlaßte, der Kanzler sei als »Pappkamerad« auch an Ort und Stelle gewesen.

Folgt man Theodor Eschenburg, dem Altmeister der Politikwissenschaft, der zwischen *potestas* gleich Staatsgewalt und *auctoritas* gleich Ansehen als den zwei Elementen der Macht unterscheidet, so sehen wir Gerhard Schröder mehr bei der *potestas* und Joschka Fischer eher bei der *auctoritas*. Joschka Fischer hat mehr Charisma, Gerhard Schröder mehr Charme. Der Außenminister ist ein Meister der Distanz, der Kanzler ein Profi der Nähe. Bei Meinungsumfragen liegt der Minister bisweilen vor dem Regierungschef. Doch man kann sicher sein: Das hat Gerhard Schröder wachsam im Blick, und er wird sich, im Falle einer allzu auffallenden Ungewichtigkeit, als Nummer eins deutlich in Erinnerung bringen.

Gleichwohl überwiegt das Gemeinsame, nicht zuletzt, daß beide der Enkelgeneration angehören, die ihr politisches Selbstverständnis aus dem Affront gegen die natonalsozialistisch verstrickten Väter bezog, jene einst jungen Protestler, die nun als Fünfziger endlich an der Macht sind, um dem Marsch durch die Institutionen und Illusionen in der Regierung die Krone aufzusetzen. Ganz bewußt repräsentieren sie das moderne, aufgeschlossene, wandlungsbereite Deutschland. *Global players* der Politik wollen sie sein, Mitspieler im Weltspiel, die – wer hätte das gedacht? – plötzlich, ohne überheblich zu sein, das nationale Interesse offensiv vertreten. Gerhard Schröder spricht von der Wirtschaftskraft der 82 Millionen Deutschen, mit der man nicht protzen solle, die man aber doch im Hinterkopf haben dürfe. Und Joschka Fischer hat das »größere und verläßliche Deutschland« im Visier, das sich von seiner Geschichte nicht verabschiedet, sie vielmehr annimmt und daraus zu »innerer Ruhe« findet – »wissend um das eigene nationale Ich«. Und wenn er sieht, wie andere ihren Vorteil wahren, dann gehört für ihn dazu: »das Gemeinwesen so zu positionieren, daß das Staatsschiff und die kommenden Generationen nicht unter die Räder geraten«.

Auch die Erfahrung des Kosovo-Krieges – »eine einsame Sache«, wie Joschka Fischer sich erinnert – hat Kanzler und Vizekanzler einander näher gebracht. Denn damit hatten sie nicht gerechnet, weder Gerhard Schröder, der einstmals gegen den von Helmut Schmidt befürworteten Nachrüstungsbeschluß aufbegehrt hatte, noch Joschka Fischer, einige Jahre zuvor noch ein streitbarer Pazifist. Unterstüzung für die Soldaten anderer, die auf dem Balkan für Ordnung sorgten, ja, dem hatten sie schon zuvor zugestimmt. Aber nun erlebten sie die Abhängigkeit der deutschen Außenpolitik vom weltmächtigsten Verbündeten, den USA, mußten Bündnistreue unter Beweis stellen; nun hatten sie dafür geradezustehen, daß zum ersten Mal nach dem Ende des zweiten Weltkrieges deutsche

Kanzler und Vizekanzler - zwei Aufsteiger, wie es sie in der deutschen Politik nicht noch einmal gibt.

Soldaten in eine bewaffnete Auseinandersetzung geschickt wurden.

Was hätten sie als junge Oppositionspolitiker dagegen gewettert! Jetzt erlebten sie gemeinsam das Schwerste, was einem demokratischen und friedliebenden Menschen in der Regierung widerfahren kann – den Krieg, die Verantwortung für den Tod von Menschen. Einigermaßen hilflos mußten sie wahrnehmen, daß sich die Republik nicht mehr im Bonner Krähwinkel verkriechen, nicht mehr hinter der Mauer verstecken konnte. Sie mußten erwachsen sein. Das verband.

Eine gewisse Gemeinsamkeit mag man auch in der Distanz sehen, die beide zu ihren Parteien haben. Fischer war von allem Anfang an ein Realo im ideologischen Biotop der Grünen. Schröder brachte zwar den richtigen Stallgeruch mit in die SPD. Als junges Mitglied war er sehr links, später der Genosse der Bosse, immer aber galt er als Machtmensch. Ein schillernder Filou zudem, kein Parteipietist, einer, dem das ideologische Lager nie so recht traute. Aber ohne ihn hätten die Sozialdemokraten die Wahl nicht gewonnen, und nun müssen sie ihn sogar an der Spitze haben. Nicht alle lieben ihn, doch wegen seiner Erfolge achten sie ihn wenigstens. Auch die Grünen sind ihrem Fischer nicht gerade zugetan, aber ohne den vorzeigbaren Außenminister wären sie vermutlich verloren.

Vorsitzender und heimlicher Vorsitzender sind sie mittlerweile, Schröder und Fischer, jeder eine wirklichkeitsnahe Speerspitze auf schwankendem, immer wieder mal ideologiegetränktem Boden. Auch darin können sie sich gut verstehen, der Vizekanzler, der um ein Quentchen stärker ist in der Theorie – weshalb er mit einer großen und natürlich abgestimmten Europa-Rede die Öffentlichkeit verblüffen darf –, und sein trickreicher Kanzler, der im Praktischen Schritt um Schritt den politischen Gegner auszupunkten versucht.

Und während der Außenminister schon als die Würde und Weisheit in Person auftritt, also immer »ministerhafter« wird, wie es in seiner Umgebung heißt, nimmt auch Gerhard Schröder mählich das Kanzlerhafte an. Aber Joschka Fischer steht eher für Exzentrität, der Kanzler mehr für Normalität. Beide erscheinen bei offiziellen Anlässen starrer als in der ersten Zeit nach der Wahl von 1998. Und vorsichtiger geworden sind sie auch.

Läßt alle Blumen blühen

Daß Kanzler und Vizekanzler in der rot-grünen Regierung so reibungslos zusammenarbeiten, ist natürlich auch eine Frucht der koalitionären Zwänge. Schröder braucht Fischer, um die Grünen zu disziplinieren. Wer außer dem »heimlichen Vorsitzenden« wäre dazu imstande? Aber daß zwischen den beiden Männern vorerst keine Konflikte auftreten, liegt auch am Führungsstil Gerhard Schröders. Anders als Helmut Kohl, den man fürchtete, oder Helmut Schmidt, der so anstrengend anspruchsvoll war, führt der Neue im Kanzleramt seine Minister an der langen Leine, läßt ganz bewußt jedem den größtmöglichen Spielraum für die Entfaltung seiner politichen Kreativität.

Da war am Anfang viel Wildwuchs, wenn man an Riesters Pannen mit den Fehlstarts des Gesetzes zur Scheinselbständigkeit und dem 630-Mark-Gesetz oder an den Größenwahn des Jürgen Trittin denkt, der mit dem sofortigen Aus für die Kernkraftwerke drohte. Inzwischen hat sich die Arbeit zurechtgerüttelt. Der Alltag des Regierens, die Anforderungen des jeweiligen Amtes, das Zerren so vieler gesellschaftlicher Kräfte an denen, welche Macht ausüben, hat sie schon nach den ersten zwei Jahren ordentlich gestutzt.

Im Kabinettssaal sitzt Kanzler Gerhard Schröder – trotz seiner Richtlinienkompetenz – wie einer unter Gleichen.

Trotzdem gab es bisher keinen Kanzler – die Zeit von Willy Brandts Führungsschwäche vor seinem Rücktritt einmal ausgenommen –, dessen Minister so ungestört auf eigene Faust, im Negativen wie im Positiven, Profil gewinnen durften.

Gerhard Schröder läßt seine Blumen blühen. Da haben wir Hans Eichel, den er liebevoll »Hansi« nennt, den hartnäckigen Sparkommissar. Wir staunen über Joschka Fischer, der dem Kanzler in Europa immer mindestens einen Schritt voraus sein darf. Wir wundern uns noch viel mehr über Otto Schily, den zum Sheriff mutierten ehemaligen Terroristen-Anwalt, den überzeugendsten, auf Recht und Ordnung bedachten

Seit den Zeiten Willy Brandts durften Minister der Bundesregierung nie wieder soviel Profil auf eigene Faust gewinnen: neben Gerhard Schröder auf der Regierungsbank im Bundestag Außenminister Fischer, Innenminister Schily und Justizministerin Däubler-Gmelin.

Konservativen, den man sich nur denken kann. Heißa, wie er der Justizministerin in der Frage der Schwulen-Ehe auf die Finger klopft. Und wie sie, Hertha Däubler-Gmelin, wiederum – warum tut sie das eigentlich? – gerade hier so eifrig das Geschäft der Grünen besorgt. Auch Michael Naumann gehört dazu, der gefiederte Kultur-Staatsminister, der sich das Amt, das er angeblich nach vier Jahren wieder ablegen will, so sichtbar selbstzufrieden an den ohnedies geschmückten Hut steckt.

Der unglückliche Sozialminister Riester, ein Gewerkschafter, muß sich mit den Gewerkschaften zanken, und Jürgen Trittin, der beim Atomkonsens als Tiger sprang, endete als Bettvorleger Gerhard Schröders. Denn der Kanzler läßt seine Blumen nicht nur erblühen, er läßt sie unter Umständen – und gar nicht traurig darüber – auch verwelken. Die Grünen dürfen sich mit ihren Themen erst austoben und dürfen dabei auch scheitern. Zum Beispiel beim Atomkonsens, den Gerhard Schröder zu seinem Konsens macht. Und vielleicht scheitern sie und die Justizministerin auch mit der Schwulenehe, einem Vorhaben, das nicht zu den vordringlichsten des Regierungschefs gehört und dem das Bundesverfassungsgericht womöglich einen Riegel vorschiebt. Das kann er gelassen abwarten, ohne sich zuvor in heiße Schlachten zu begeben. Er weiß, hat damit auch in Hannover die Grünen schon ausmanövriert, was manche Übereifrige erst lernen: Die Verhältnisse – Bertolt Brecht hat es uns vorgedichtet –, sie sind nun mal »nicht so«. Die Wirklichkeit arbeitet für ihn.

Hans Martin Bury aber, der Staatsminister im Kanzleramt, kennt sich in der Wirklichkeit gut aus. Und er blüht vorerst ganz im Stillen, ein noch unbekanntes Gewächs: Im schwäbischen Bietigheim geboren, einer Gegend, in der auch die

Sprang als Tiger, endete als Schröders Bettvorleger: vor seinem Kanzler kniend Umweltminister Jürgen Trittin während der Bundespräsidentenwahl 1999 in Berlin.

Pflanze Lothar Späth so schnell und so hoch schoß, ist er nicht minder clever, umtriebig und aufstiegswillig, als der ehemalige baden-württembergische Ministerpräsident es war. Doch wenn jener stets als der ewige Sohn des Landes daherkam – heiter, hipfelig, hochgestimmt –, so wirkt Hans Martin Bury, trotz seiner Jugend, als sei er niemals etwas anderes als ein gesetzter Patron gewesen. Er hat einen viereckigen Vorstandskopf. Auf der Nase trägt er eine dunkle Hornbrille. Die Haare werden schon grau. Ob er irgendwann in ferner Vorzeit einmal richtig jung war? Nein, dazu hat er sich immer viel zu viel vorgenommen: als Schulsprecher, als Vorstandsassistent der Volksbank Ludwigsburg, als Stadtrat und – mit nur 24 Jahren – als jüngster Abgeordneter im Bonner Parlament.

Zehn Jahre später ist er immer noch nicht alt und nach wie vor eine Spur zu abgewogen, eine Art Wissmann der SPD. Als Nachfolger von Bodo Hombach hat ihn Gerhard Schröder in seine Dienste geholt, ihm gleichwohl nicht alle Kompetenzen des bulligen Nordrhein-Westfalen übertragen. Hans Martin Bury ist das Scharnier des Kanzlers zur sozialdemokratischen Bundestagsfraktion, zum Bundesrat und zu den sozialdemokratischen Ländern. Er sitzt im Vermittlungsausschuß, bereitet Verhandlungen vor; er vertritt den Regierungschef als eine Art Frühstücksdirektor bei allen möglichen, nicht ganz so wichtigen Gelegenheiten. Gerhard Schröder läßt auch ihn, läßt ihn ganz ungestört, nicht zuletzt aus dem Grunde, weil ihm der Schwabe nachgerade begeistert dient. Und nur zwischendurch gestattet sich der einen nicht minder begeisterten Blick auf die eigene Person und ihre reizvolle Aufgabe: »Da staune ich schon, wenn ich einen Schritt zur Seite gehe, wo ich gelandet bin.«

Eine treue Truppe

Ein Nachmittag in jenen Juniwochen des Jahres 2000, da die Kette der ausländischen Besucher in Berlin nicht abreißen will. Im Zentrum der Macht geht es gleichwohl verhältnismäßig ruhig zu. Im Vorzimmer des Kanzlerbüros, wo machmal zwei, bisweilen auch drei liebenswürdige Damen Dienst tun, klingelt nur ab und an das Telefon. Die Türen stehen wie fast immer offen – zum Arbeitszimmer von Sigrid Krampitz, der Leiterin des Kanzlerbüros, ebenso zu dem ihres Stellvertreters Thomas Steg und hinaus auf den Flur, wo ab und an ein Gast erscheint. An diesem Tag kommt, unter anderen, IG-Metall-Chef Klaus Zwickel, um gegen die Rentenpläne der Regierung Schröder Front zu machen. So wild er sich sonst in dieser Sache gebärdet, hier sitzt er brav wartend und etwas klamm im Vorraum, als sei's das Wartezimmer bei seinem Zahnarzt. Frank-Walter Steinmeier, Chef des Kanzleramts, kommt vorbei und verschwindet kurz im Allerheiligsten des Regierenden. Keiner wirkt aufgeregt.

Im Auge des Berliner Machtorkans fühlt man sich wieder einmal wie an einem windstillen Ort. So sitze ich gerade vollkommen ungestört am Besuchertisch bei Sigrid Krampitz und spreche mit ihr über den Termin, den ich am nächsten Tag bei Gerhard Schröder haben werde. Aber plötzlich zeigt doch einer Nerven. Unvermittelt steht der Kanzler in der Tür, seltsam gehetzt, das Gesicht gerötet, und kündigt an, wir müßten das für morgen vorgesehene Gespräch leider verschieben. Er habe so viel um die Ohren, und gleich nach dem geplanten Interview sei ein sozialdemokratischer Rentengipfel angesagt: »Da muß ich mich noch vorbereiten, das müssen Sie verstehen. Wir holen das nach.« Schon ist er wieder draußen, und ich schaue fragend und, weil die Zeit drängt, einigermaßen verzweifelt ins Gesicht seiner Bürochefin. Die zeigt sich jedoch ziemlich unbeeindruckt: »Regen Sie sich nicht auf«, sagt sie, »in einer Woche ist die Situation auch nicht anders. Wir kriegen das morgen schon hin.« Und in der Tat, am nächsten Nachmittag, noch vor der angegebenen Zeit, taucht ein fröhlicher, vollkommen gelockerter Gerhard Schröder auf: »Kommen Sie, wir können gleich mit dem Gespräch beginnen«. Nichts läßt er mehr sehen von der Anspannung des Tages zuvor, bringt auch fast so etwas wie eine Entschuldigung vor: »Manchmal, wenn man denkt: warum ist denn dieser Termin noch da, ist man unangenehmer für die Mitmenschen, als es an sich nötig wäre. Sie haben das auch schon bemerkt«. Ja, und dann gibt er ruhig und mit langem Atem jede gewünschte Auskunft.

Als wir nach einer guten Stunde am Ende sind, stehen die Rentenherrschaften schon im Flur. Hat er sich nun vor unserer Begegnung vorbereitet? Oder ist er in der Materie längst zu Hause? Durfte er heute nacht ausschlafen? Scheint an diesem Nachmittag die Sonne vielleicht um einen Strahl freundlicher ins Kanzleramt? Wie dem auch sei. Sigrid Krampitz hat's gewußt, Sigrid Krampitz hat's gerichtet. Sigrid Krampitz hat viel Macht. Akzeptiert der Bundeskanzler eigentlich immer, was sie ihm vorschlägt? »Meistens«, sagt sie, als sei es das Selbstverständlichste auf der Welt.

Sigrid Krampitz kennt Gerhard Schröder offenkundig in- und auswendig, und sie kennt ihn schon lange. Bereits in Niedersachsen leitete sie das Büro des Ministerpräsidenten.

Daß sie dorthin und nun auch nach Berlin gekommen ist, um Gerhard Schröders Zeit zu »verwalten«, schlich sich freilich eher zufällig in ihr Leben. Deutsch und Geschichte hat sie studiert. Lehrerin wollte sie werden. Als sie alle Examina in der Tasche hatte, war in Niedersachsen keine Stelle für sie frei. Sie mußte dorthin, wo sie Arbeit fand.

Das war zunächst in Krankenhäusern, wo sie Nachtwachen hielt, und an Volkshochschulen, wo sie Deutsch und Literaturgeschichte unterrichtete und Vorbereitungskurse auf das Abitur abhielt.

Dem Verfassungsschutz in Niedersachsen diente sie in der Pressestelle. Sie arbeitete für die Frauenbeauftragte des Landes, und da sie »immer neugierig« war, bewarb sie sich schließlich in der Staatskanzlei, erhielt auch den Job einer persönlichen Referentin von Reinhard Scheibe, dem damaligen Chef des Hauses. Dort schrieb sie Reden – auch für den Ministerpräsidenten. Anno 1990 fiel Gerhard Schröder eine dieser Reden aus Sigrid Krampitz' Feder auf. Also erhielt sie von ihm noch mehr Aufträge. Es folgte das Angebot, Protokollchefin zu werden – »und das Protokoll war in Hannover weit gefaßt«, erzählt sie. Drei Jahre lang war sie dort tätig, kam viel herum, kam auch ins Ausland. So ist sie langsam in die Zeitberatung des Ministerpräsidenten hineingewachsen, die natürlich auch eine Sachberatung ist. Von 1994 an leitete sie in Hannover Schröders Büro.

In derselben Funktion folgte sie anno 1998 dem Neugewählten nach Bonn. Aus privaten Gründen wollte sie jedoch zurück nach Niedersachsen. In den Schwierigkeiten der ersten Monate, als Gerhard Schröder sich im Kanzleramt wie in einer Schlangengrube fühlte, bat er sie, nach Berlin mitzukommen. Inzwischen wohnt auch ihr Lebensgefährte in der Hauptstadt. Die Welt ist nun in Ordnung, und Sigrid Krampitz hat alle Valenzen für ihre Aufgabe hinter den Kulissen des Kanzleramtes frei.

Außerdem ist sie jung, zehn Jahre jünger als der Bundeskanzler: eine eher kleine Frau, sehr schlank, zierlich, mit einem offenen und ebenmäßigen Gesicht. Die Haare sind kurz geschnitten und von ein paar grauen Strähnen durchzogen.

Jedem in seiner Truppe macht es Freude, Gerhard Schröder zu beraten: Bundeskanzler Schröder und seine Büroleiterin Sigrid Krampitz (S. 106 oben), Kanzleramts-Chef Frank-Walter Steinmeier (darunter), sein außen- und sicherheitspolitischer Berater Michael Steiner (unten links) und Regierungssprecher Uwe-Karsten Heye.

Gedeckte Farben trägt sie und schicke Schnitte. Ihre Schuhe haben flache Absätze, weil sie sonst bei Gerhard Schröders ausgreifenden Schritten nicht mithalten könnte. Gleichermaßen liebenswürdig und energisch tritt sie auf. Unauffällig wirkt sie, aber sehr präsent. Ihre Auskünfte sind knapp, genau und nüchtern. Ihre Rede ist ja ja, und nein nein. Dabei führt sie ein leises Regiment. Trotzdem oder gerade deshalb kann man sich leicht vorstellen, wie schwer es ist, ihr zu widersprechen. Diese zarte Frau verfügt über natürliche Autorität. Bestimmt wäre sie eine großartige Lehrerin geworden. Nun profitiert der Bundeskanzler von ihrem Talent. Sigrid Krampitz ist eine der beiden Hauptstützen in Gerhard Schröders Alltag.

Die andere Säule ist Frank-Walter Steinmeier, ein kerniger Kerl mit breitem Gesicht und kräftigem, untersetztem Körperbau. Braune Augen hat er, die in auffälligem Gegensatz stehen zu seinen vollen weißen Haaren. Trotzdem sieht der Chef des Bundeskanzleramtes noch sehr jung aus. Kein Wunder, denn ist erst 44 Jahre alt. Auch er kam mit Schröder aus Niedersachsen. Bereits dort leitete er für den Ministerpräsidenten die Staatskanzlei. Der Ruf eines vorzüglichen Administrators eilte ihm voraus. Nun, seit Bodo Hombach, der im Kanzleramt mitmischte, ins balkanische Sibirien verbannt worden ist, kann der Jurist diesem Ansehen uneingeschränkt gerecht werden, kann seine Erfahrungen und Talente dafür einsetzen, zum Beispiel die strittigen Probleme zwischen den Ressorts auszubügeln. Seit er mit fast so großen Schritten wie Schröder über die Korridore im Kanzleramt marschiert, hat man kein Knirschen des Regierungsapparates mehr vernommen.

Fast hätte Frank-Walter Steinmeier eine Hochschulkarriere eingeschlagen. Zunächst war er wissenschaftlicher Mitarbeiter am Lehrstuhl für Öffentliches Recht und Wissenschaft von der Politik an der Universität Gießen, später wurde er Referent für

Medienrecht und Medienpolitik in der niedersächsischen Staatskanzlei, danach Leiter des persönlichen Büros des Ministerpräsidenten, Leiter der Abteilung für die Richtlinien der Politik und schließlich Leiter der Kanzlei. Die Zusammenarbeit mit Gerhard Schröder ist aus einem sehr guten persönlichen Verhältnis erwachsen. Am Anfang, als er sich in Gerhard Schröders Hannoveraner Staatskanzlei bewarb, war er vor allem an dem »rot-grünen Projekt« interessiert, erzählt der Beamte, aber dann fanden die beiden »Gefallen aneinander«, entdeckten, daß sie politisch sehr ähnlich dachten, und es entwickelte sich eine »eher menschlich geprägte Sympathie«.

Gerhard Schröder aber sagt von Steinmeier, es sei ein »Glück«, daß er diesen »erstklassigen juristischen Mitarbeiter mit politischem Durchblick« habe. Heute darf der sich Chef des Bundeskanzleramtes, Staatssekretär und Beauftragter für die Nachrichtendienste nennen. Mit Arbeit ist er reichlich versehen, aber ein erstaunlich freundlicher Mann, bei aller Kompetenz und Sachlichkeit, ist er auch.

Wer bewegt sich noch in der unmittelbaren Umgebung des Kanzlers? Da ist Thomas Steg, der Stellvertreter von Sigrid Krampitz, außerdem verantwortlich für Kontakte zur Presse und für geschriebene und gesprochene Kanzlertexte. Er hat eine etwas bedeckte Art und spricht eine weiche Sprache. Mit Verstand und Seele ist er ausgestattet, sehr zuvorkommend und voller Vorsicht. Ein eher stilles Wasser, und doch informiert er gründlich, arbeitet mit beträchtlicher Ausdauer im Hintergrund.

Thomas Steg studierte in Hannover und Braunschweig Sozialwissenschaften und Psychologie. Seine Doktorarbeit schrieb er über Computerarbeit in Zeitungsredaktionen. Er volontierte bei der Braunschweiger Zeitung, arbeitete auch als Pressesprecher des DGB, ebenso beim Sozialministerium, danach für die sozialdemokratische Landtagsfraktion in Niedersachsen und nicht zuletzt: als Stütze in den Wahlkämpfen des Kandidaten Gerhard Schröder. Auch er kommt aus dem engsten Umfeld des Kanzlers, auch er läßt es an zurückhaltender Liebenswürdigkeit nicht fehlen. Das gilt ebenso für die Sekretärinnen, vorweg Marianne Duden. Mit anderen Worten: Um Gerhard Schröder herum arbeiten tüchtige und angenehme Menschen. Etwas anderes würde dieser fraglos Zuwendungsbedürftige auch nicht ertragen. Sie sind ihm Vater, Mutter, ja, eine ganze Familie zugleich. Sie bilden sein Regierungsnest, in dem er herumsaust, seine Wärmestube, in der er mal hier, mal da hereinschneit, die er duzt, die ihn zurückduzen. Sie sind seine Seelsorger, die ihm jedwede Unterstützung, Zuspruch, Informationen, aufbauende Kritik und Dienstleistungen zukommen lassen, kurz alles, was ein belasteter Politiker so braucht.

Ein bißchen weiter weg vom Auge des Machtorkans, auch räumlich entfernt, arbeitet Uwe-Karsten Heye, der Regierungssprecher, Chef des Bundespresseamtes, noch einer, der aus Hannover nach Berlin mitgekommen ist. Verglichen mit Klaus Bölling, Schmidts Mann für die Presse, hat er ein Quentchen weniger Einfluß. Und er ist fast unsichtbar. Damals zählte der Regierungssprecher, was nicht zuletzt an der Person Böllings lag, zu den engsten Beratern des Bundeskanzlers. Der ehemalige Fernsehjournalist, Amerikakorrespondent der ARD – mediengewandt, gut aussehend und vorzüglich informiert – brachte die Botschaften aus dem Kanzleramt samt den dort gewollten Interpretationen unters journalistische Volk, transportierte sie auch selbst hinaus in die Nation. Als Sprachrohr des Mächtigsten trat er mehrmals in jeder Woche im Fernsehen auf. Klaus Bölling war Berater und Botschafter Helmut Schmidts zugleich.

Uwe-Karsten Heye steht zumindest in Letzterem hinter diesem Vorgänger zurück. Der Sohn eines Offiziers aus dem Zweiten Weltkrieg, vormals Journalist, der schon dem Ministerpräsidenten Schröder in Hannover als Sprecher gedient hat, ist ein kluger, bedächtiger, sehr gut formulierender, aber nicht über die Maßen gesprächiger Mann. Seine Stimme orgelt mindestens so sonor wie die des einstigen Meisters der Sprecherzunft, Klaus Bölling, und er ist in ähnlich würdevoller Weise – bisweilen eine Spur zu würdevoll – des Wortes mächtig. Doch die Zeiten sind anders. Heutzutage, wo die Popularität der Politiker allmonatlich auf den Prüfstand der Umfrageindustrie kommt, muß der Kanzler mit seinem Gesicht und seinen Worten selbst ins Fernsehen und für sich werben. Aus demselben Grund geht, was an gezielten Informationen hinaus soll, nicht mehr nur über die Großversammlung der inzwischen mächtig aufgeblähten Bundespressekonferenz, sondern direkt an diesen und jenen Meinungsführer. Es ist eben der Kanzler, der dann das entscheidende Wort im ZDF oder für den *Spiegel*, in den Tagesthemen oder im Gespräch mit dem Chefredakteur einer großen Tageszeitung sagt und der dieses Geschäft auch aufs Vorzüglichste versteht. Uwe-Karsten Heye aber ist an der Vorbereitung und Nachbereitung solcher Auftritte beteiligt.

Michael Steiner, der Leiter der außenpolitischen Abteilung im Kanzleramt, arbeitet zumindest räumlich näher beim Regierungschef, zwei lange Flure entfernt, vorbei an den Büros ungezählter beamteter Hilfsgeister, aber auf derselben Etage. Sein Zimmer, niegelnagelneu mit beigefarbenen Teppichen und dunklen Möbeln ausstaffiert, erzählt schon etwas von der Bedeutung des Diplomaten und von seinem Selbstverständnis. Steiner – dunkle Augen, gelichtetetes Haar, schlank und schnell in seinen Bewegungen – sprüht, sprudelt über, sortiert, analysiert, zerlegt, setzt wieder zusammen. Ein brillanter

Die besonderen Beziehungen erforderten es: Ehud Barak, Israels Regierungschef, kam als erster Staatsbesucher seit dem Umzug der Bundesregierung nach Berlin.

Mann ist er, und er legt sichtlich Wert darauf, daß einem das nicht verborgen bleiben soll. Er hatte ja auch schon einen Namen und ein paar Taten vorzuweisen, bevor er sich von Gerhard Schröder anwerben ließ. Denn der Münchner aus dem Jahrgang 1949 war – nach einigen anderen Stationen – in historischen Momenten an weltgewichtigem Platz: zuerst in Prag, im Schicksalsjahr 1989, als politischer Referent der Botschaft, wo sich Tausende von DDR-Flüchtlingen eingefunden hatten, in der Hoffnung, von dort nach Westdeutschland ausreisen zu können. Michael Steiner half etlichen unter ihnen eigenhändig über den meterhohen Zaun des Palais Lobkowicz, und stolz zeigt er heute auf die Fotos an der Wand in seinem Arbeitszimmer, welche die spannendsten Sekunden jenes Dramas festgehalten haben.

In der ersten Hälfte der neunziger Jahre war Michael Steiner mit diplomatischen Aufgaben im kriegsgeschüttelten Jugoslawien befaßt; 1996 entsandte ihn Klaus Kinkel, der damalige deutsche Außenminister, als ersten Stellvertreter des Hohen Repräsentanten und UN-Vertreters für Bosnien, Carl Bildt, auf den Balkan. Als operativer Leiter des »Lenkungsausschusses«, der sich um die Durchsetzung des zivilen Teiles des Daytoner Abkommens kümmerte, machte er sich international bekannt. Danach kehrte er als Botschafter nach Prag zurück. In dieser Funktion begleitete er im Oktober 1998 Vaclav Havel bei einem Deutschland-Besuch. Es war jene Gelegenheit, die Gerhard Schröder nutzte, um ihn in sein Amt zu bitten.

Michael Steiner zählt zweifellos zu den talentiertesten deutschen Karrierediplomaten. Gleichwohl ist er, dem man – auch aus diesen Gründen – zu Recht eine ordentliche Portion Eitelkeit nachsagt, Gerhard Schröder tief ergeben. Ja, richtig stolz zeigt er sich sogar, daß auch er zum Kreis derer gehört, die mit dem Kanzler auf Du und Du reden, was sich zwar aus

Steiners Mitgliedschaft in der SPD ergeben hat, was jedoch in der Umgebung von Amt und Würden eine gewisse Auszeichnung bedeutet und auch beweist: Der gehört zum innersten Zirkel der Macht.

Doch von der Sache her macht die Nähe zum Kanzler Sinn. Denn Schröder ist unerfahren im Geschäft der Außenpolitik, und Steiner ist ein Eingeweihter; im Kanzler haben wir sozusagen einen Lehrling, in seinem Gehilfen jedoch einen Könner in diesem Fach.

So hat Michael Steiner dazu beigetragen, den Bundeskanzler, der aus der kleinen Welt von Hannover kam, darauf einzustimmen, daß er nun ein »Mitgestalter« in Europa ist und sich auf die Außenpolitik einlassen muß. Steiner oblag es, dem Kanzler »ein realistisches Bild von der Wirklichkeit zu vermitteln«, von der Mittellage Deutschlands, von den Schwierigkeiten im Umgang mit Israel, weshalb Barak der erste ausländische Besucher nach dem Umzug an die Spree war, und von den Problemen im Verhältnis zum Iran. Es war ein Schnellkurs im Fach Außenpolitik, erzählt der Beamte zurückschauend, der dem Regierungschef aber nicht zuletzt durch die europäische Präsidentschaft und den Kosovo-Krieg aufgezwungen wurde. Danach war nichts mehr, wie es vorher war: »Wir hatten unsere Unschuld verloren.«

Toben wird er nicht

Daß seine engsten Mitarbeiter mit Gerhard Schröder von Du zu Du reden können, prägt natürlich die ganze Atmosphäre im Kanzleramt. Gewisse Störungen gab es, als Bodo Hombach am Berliner Schloßplatz noch mitdirigierte und Lafontaine im Hintergrund die Strippen zu ziehen versuchte.

Der eine, sehr eitel, wollte sich mitpräsentieren, der andere, machtgierig, gar selbst regieren. Das schaffte Unklarheiten und ist nun längst vorbei. Eine kleine Rivalität zwischen Steinmeier und Steiner, weil letzterer auch einen direkten Zugang zum Kanzler hat und nicht über den Kanzleramtschef gehen muß, schwelt unter der Oberfläche. Gleichwohl arbeitet man sachlich, der Ton ist freundlich. Selten zeigt sich der Kanzler »ungehalten«. Nur manchmal, wenn ihm etwas nicht schnell genug voran geht, kann er »schroff« sein, aber »toben« – so heißt es in seiner Umgebung –, toben wird er nicht. Morgens ist er, das wissen alle, nicht besonders gut gelaunt. Als wir uns einmal um 9 Uhr in der Frühe begegnen und ich mich wundere: »Ach, Majestät höchstselbst – und lächelnd?«, sagt er, gleich wieder grantig: »Das werden Sie bei mir um diese Tageszeit selten erleben.«

Dennoch fängt er notgedrungen früh an. Sitzt er dann fest auf dem Stuhl? Entwirft er Strategien? Studiert er Akten? Nicht nur in seiner Leidenschaft für den Besuch bürgerlicher Gaststätten ist er Kohl ähnlicher als Schmidt, der oft bis spät in die Nacht am Schreibtisch aushielt. Gerhard Schröder verbringt diese Stunden lieber mit Fragen, mit Zuhören, mit Diskussionen und dem Pflegen von Kontakten. Schon die ausgreifende Art, mit der er immer wieder, wenn er sich im Kanzleramt aufhält, aus seinem Büro ausbricht – in die Arbeitsräume seiner Mitarbeiter, zum Italiener am Gendarmenmarkt, zu »Lubitsch« in der Bleibtreustraße – läßt ahnen, daß er es, was das Studium von Papieren angeht, mit seinem sozialdemokratischen Vorgänger Helmut Schmidt nicht aufnehmen kann oder nicht aufnehmen will. Auf seinem Schreibtisch stapelt sich nichts. Die Birnbaumplatte ist blank. Genauso kahl sehen einen die Glasplatten in seinen Büros im Reichstag und in der Pücklerstraße an. Dieser Bundeskanzler haßt es, Akten zu lesen. Im Notfall, erzählt Sigrid Krampitz, muß er richtig »rangeprügelt« werden. Das heißt nicht, daß er nichts liest. Aber nachdenkliche Bücher, schöne Literatur gar, sind eher nicht unter seinen Lektüren zu finden. Was er von Amts wegen liest, muß kurz und prägnant sein.

Am liebsten läßt er sich alles, was er wissen muß, vortragen. Seine Beamten, aber auch die Minister bittet er häufig zu sich. Immer sieht er auch beim mündlichen Vortrag auf knappe und kurze Informationen, nimmt sie dann aber mit einer »schnellen Auffassungsgabe«, einer »unglaublichen Perzeptionsgeschwindgkeit« auf. Er läßt sich etwas sagen, schöpft das Wissen seiner Mitarbeiter voll aus. Es macht also Freude, ihn zu beraten. Das bekunden alle, die mit ihm zu tun haben. Dabei ist der Kanzler auch »sensitiv« und erkennt das Wesentliche. Er hat eine »Nase« für Themen, kann sich auf jeden Gesprächspartner einstellen, und er kann – welches Wunder in der Politik – vorerst auch noch geduldig zuhören. Nicht nur im Umgang mit Parteifreunden, Wählern oder Journalisten, auch im Amt gibt er sich ganz »unprätentiös«.

Ein »sehr guter Chef« ist er, heißt es von ihm, ohne Anmaßung, ohne Herrschaftsattitüde, »ohne Dünkel«. Seine engsten Vertrauten läßt er selbständig arbeiten, gewährt ihnen viel Spielraum und fordert sie auch zur Kritik auf. »Das ist eine ganz wichtige Umgebung«, sagt er selbst dazu, »die kritisieren offen, und was sie vorbringen, ist immer als Hilfe gedacht. Da geht es nie darum, einen ins Knie zu treten.«

Die Kunst des Konsenses

Greencard und Co.

Woher aber kommen die Anregungen für Gerhard Schröders Arbeit? Brütet er sie im stillen Kämmerlein aus? Bezieht er sie aus Visionen, von denen Helmut Schmidt einmal gesagt hat, wer darunter leide, gehöre ins Krankenhaus. Nein, Gerhard Schröder entwirft seine Zukunfts- und Gestaltungspläne nicht fernab der Wirklichkeit und schon gar nicht entlang der Leitlinien geschlossener Gedankensysteme. Da gibt es zwar Parteitagsbeschlüsse, und mit dem »Atomkonsens«, beispielsweise, ist ein Versprechen der Partei aus den achtziger Jahren endlich eingelöst worden; da gibt es auch Regierungserklärungen oder das von Bodo Hombach verfaßte Schröder-Blair-Papier, das die linke Sozialdemokratie so erbittert hat, als Wegweiser; aber keine Regierung könnte sich, selbst wenn sie es wollte, sklavisch an irgendwelche Papiere halten – heute, in einer Zeit des rasenden Wandels, noch viel weniger als je zuvor.

Was Gerhard Schröder sich vornimmt, drängt sich ihm überwiegend aus dem Alltag der Republik und des Regierens auf, aus der Notwendigkeit, Probleme zu lösen. Dieser Kanzler, wie man weiß, ist kein Ideologe. Er ist ein Pragmatiker. Aber er hat den festen Willen, das Land voranzubringen, es gut zu rüsten für den Wettbewerb im Zeitalter der Globalisierung. Ein Modernisierer will er sein, den Reformstau beenden, Blockaden aufbrechen, Arbeitsplätze schaffen, den Selbsthilfegedanken in einer bequem gewordenen Gesellschaft för-

Gerhard Schröder kann gleichermaßen gut mit Bossen wie mit Genossen: hier mit DGB-Chef Dieter Schulte (links) und BDA-Präsident Dieter Hundt und mit Daimler/Chrysler-Chef Jürgen Schrempp (Seite 121).

dern, die Bürgergesellschaft voranbringen. Das kann sich mal an diesem, mal an jenem Thema festmachen, was ihm, versteht sich, immer wieder den Vorwurf der Konzeptionslosigkeit einbringt. Ideen, Impulse, Initiativen, die ihm geeignet scheinen, in alledem vorwärts zu kommen, greift er auf. Er präsentiert sie, wie im Falle der Greencard geschehen, zum richtigen Zeitpunkt und am richtigen Ort, etwa bei der Eröffnung der Cebit in Hannover. Und er hat einen Sinn dafür, was sich daran medien- und publikumswirksam, gleichsam symbolisch und stellvertretend für vieles andere, vermarkten läßt.

Wie also kam ihm die Greencard-Initiative in den Sinn? Das Problem flog ihm natürlich aus Unternehmerkreisen zu. Gerhard Schröder aber – so erzählt Kanzleramtschef Frank-Walter Steinmeier, der solche Anstöße dann in Zusammen-

arbeit mit den betroffenen Ministerien in die praktische und durchsetzbare Form gießen muß –, bringt es auf den Punkt, bringt es auch unter die Leute. Von den Experten in seinem Haus läßt er sich zuvor darlegen, wie die Sache gelöst werden könnte, welche rechtlichen Voraussetzungen geschaffen werden müssen. Er selbst spricht auch mit den zuständigen Ministern und mit den Vertretern jener Gruppen, die von einer Regelung tangiert sein könnten: mit Unternehmern, Gewerkschaftern oder den Mitgliedern seines Kabinetts. Im übrigen aber hält er sich den Rücken frei für die Überzeugungsarbeit, die danach kommt.

Im Falle seiner Kampagne für die Greencard schlug er mehrere Fliegen mit einer Klappe. Erstens: Er präsentierte sich mit einer verblüffenden Idee in der Öffentlichkeit, bekam Aufmerksamkeit, fand seinen Namen in Schlagzeilen, sein Konterfei auf allen Kanälen, besetzte das Thema. Zweitens: Er stärkte seinen Ruf als Modernisierer, als einer, der Wirtschaft und Gesellschaft verändern, sie auf den neuesten Stand bringen will. Drittens: Mit dem Gedanken, ausländische Computer-Experten ins Land zu holen, also hochqualifizierte Fremde, keine Wirtschaftsflüchtlinge, gelang es ihm, dem leidigen

Ausländerthema einen völlig neuen Aspekt abzugewinnen, der sich wunderbar ins Zeitalter der Globalisierung einfügte. Gerhard Schröder schaffte es somit, dieses negativ belegte Thema positiv aufzuladen, Internationalität statt Provinzialität zu predigen, das kleine Karo, das hierzulande so oft vorherrscht, weltoffen einzufärben. Was, viertens, natürlich dazu beitragen kann, unterschwellige und offenkundige Ängste in der Gesellschaft abzubauen, und, fünftens, auf einen sicheren Tritt in dieser Frage im nächsten Wahlkampf hoffen läßt – für sich und für seine Partei. Nicht noch einmal, wie vor der hessischen Landtagwahl im Frühjahr 1999, soll die Union mit dem Ausländerthema Gelegenheit zum Auftrumpfen haben.

Es zählt zu seinen größten Talenten, meint seine Büroleiterin Sigrid Krampitz, daß er instinktiv weiß, was die Menschen interessiert und berührt, und daß er solche mannigfachen Aussichten in einem Stoff blitzschnell aufspürt, kurzum: daß er »vernetzt« denken kann. Andere loben an ihm seine Gabe, »intuitiv« die Konstellationen von Macht und Meinungen zu erfassen – also das, was man das Politische nennt.

Eine Steuerreform, aber wie

Wenige Tage, bevor die Steuerreform der rot-grünen Regierung den Bundesrat passierte, gab sich Kanzleramtschef Frank-Walter Steinmeier sehr skeptisch. Zwar hatte die Regierung Schröder soeben den Atomkonsens zustande gebracht und die Reform der Bundeswehr verabschiedet. Aber die Steuerreform, neben der Rentenreform das größte und wichtigste Projekt, das man sich für diese Legislaturperiode vorgenommen hat, hing im Vermittlungsausschuß fest. Ein letzter Versuch zur Übereinkunft mit der Union war gescheitert.

Ein bißchen ermattet saß der Staatssekretär in seinem Büro und sandte einen desillusionierten Blick über den Berliner Schloßplatz zum Palast der Republik hinüber. Vielleicht war es aber auch nur Zweckpessimsmus, den er da vorführte, um sich und dem Kanzler nicht in die Regierungskarten schauen zu lassen. Wer weiß? Auf alle Fälle gab er vor zu glauben, Friedrich Merz, der Vorsitzende der Unionsfraktion im Deutschen Bundestag, könnte aus persönlicher Profilierungssucht eine ähnlich disziplinierende Macht über die CDU-regierten oder von der CDU mitregierten Bundesländer ausüben wie einstmals Oskar Lafontaine über die Landesfürsten der SPD.

Doch die Sorge des Kanzleramtschefs erwies sich bald als unbegründet. In der Nacht vor der Entscheidung im Bundesrat, während seiner letzten Sitzung in Bonn, sprengte Gerhard Schröder die Phalanx der Christdemokraten. Wie ist ihm das gelungen? »Indem er mit vielen Leuten gesprochen hat«, hieß es zunächst lapidar im Kanzleramt, bevor man erfuhr, was tatsächlich gelaufen war.

Der Bundeskanzler mußte nicht nur die Solidarität in der Union knacken, er mußte auch die Ministerpräsidenten aus der eigenen Partei überzeugen, die fürchteten, mit einem zu niedrigen Spitzensteuersatz, also unter 43 Prozent, kämen sie mit ihren Finanzen am Ende unhaltbar schlecht weg. Die Kraftlinien im Konzert der Länder waren folglich – und sind es ja meistens – nicht nur entlang der parteipolitischen Grenzen gezogen. Ganz im Gegenteil.

So hat der christdemokratische Finanzminister aus der Großen Koalition im bitterarmen Bremen, wie andere Kleine auch, seit langem übelgenommen, daß die konservativ regierten Länder Bayern und Baden-Württemberg im Finanzausgleich weniger bezahlen wollen. Längerfristig hätte dies das Ende des Stadtstaates Bremen bedeuten können. Und Eberhard Diepgen hatte im Auge, daß sich Berlin, das sowieso finanziell fast manövrierunfähig ist, für Gäste aus aller Welt attraktiv halten und zudem Millionen für die Sicherheit im Regierungsviertel ausgeben muß. Der Osten, nicht zuletzt Brandenburg, ist eh bedürftig. Die einzelnen Länderinteressen überwogen also bei weitem die parteipolitische Solidarität, und dies schwappte um so höher, als die Union von Angela Merkel und Friedrich Merz, zwei vergleichsweise Unerfahrenen, geführt wurde. Sie hatten falsch taktiert und die Zügel offenkundig nicht fest in der Hand.

So war es vielleicht nicht ausschließlich ein Kunststück, was der Kanzler und sein Finanzminister in dieser Nacht zustande brachten. Aber sehr, sehr anstrengend und ziemlich schlitzohrig war es schon. Zum Beispiel, wie Gerhard Schröder den Berliner Regierenden Bürgermeister in Vier-Augen-Gesprächen bearbeitete, wie er ihn – der sich, seit die Bundesregierung in die Hauptstadt umgezogen ist, so oft zurückgesetzt fühlte – nun endlich persönlich hofierte; wie er auch dem PDS-Vorsitzenden und Finanzminister von Mecklenburg-Vorpommern die Ehre eines Gesprächs im Kanzleramt zukommen ließ; wie er dem einen dies, dem anderen jenes zusagte.

Wobei auch die Reihenfolge der zu Berabeitenden noch zu beachten war, daß etwa, wenn Berlin fiel, auch Brandenburg nachgeben würde, und daß vor allem Rainer Brüderle, der Landesvorsitzende und Beweger der FDP hinter der sozialliberalen Koalition in Rheinland-Pfalz, die Schlüsselfigur in diesem Spiel, gewonnen werden mußte.

Und dies waren die Werbegeschenke: das Versprechen an die Bremer Landesregierung, bei der Neuordnung des Länderfinanzausgleichs die besonderen Lasten der Stadtstaaten zu berücksichtigen, also dem Land weiterhin 1 Milliarde pro Jahr zu erhalten, welche Bayern, Baden-Württemberg und Nordrhein-Westfalen verweigern wollten. Die Brandenburger bekommen 400 bis 500 Millionen für den Ausbau der Verkehrswege nach Polen. Berlin darf sich auf 75 Millionen für die Sicherung von Staatsbesuchen, 25 Millionen für die Kultur und 20 Millionen mehr für den Ausbau des Olympiastadions freuen. Mecklenburg-Vorpommern erhält Unterstützung beim Ausbau der Bahnstrecke Rostock-Berlin. Der Mittelstand – das hat Rainer Brüderle sich ausbedungen – wird mit 1,75 Milliarden Mark entlastet. Unternehmer können ihren Betrieb einmal im Leben veräußern, und für den daraus resultierenden Aufgabegewinn will der Staat nur den halben Steuersatz rechnen. Der Spitzensteuersatz wird statt auf 43 auf 42 Prozent abgesenkt.

In aller Eile packten die zustimmungswilligen Länder diese Geschenke in einen Entschließungsantrag. Der Kanzler gab selbstverständlich seinen Segen, das alles noch nachträglich in die Steuerreform einzubauen und vom Bundestag verabschieden zu lassen. Er nahm also eine Abstimmung im Parlament vorweg, setzte das Einverständnis der ihn stützenden Koalitionen schlicht voraus, fällte eine Entscheidung vor der Entscheidung und würdigte den Bundestag zur Nebensache herab. Als »Hemdsärmeligkeit« beklagte der Berliner *Tagesspiegel* den Vorgang. Dennoch: Die größte Steuerreform in der Geschichte der Bundesrepublik, die den Bürgern bis 2005 eine Entlastung von 60 Milliarden Mark einbringen wird, war beschlossen. Wer weiß, wie sich eine weitere Verzögerung ausgewirkt hätte und was in einer monatelangen öffentlichen Diskussion noch alles zerredet worden wäre. Der Kanzler hat das Endlosgezerre beendet, hat wieder einmal einen Konsens herbeigeführt, eine Blockade durchbrochen und das so lange erwartete Signal für den deutschen Aufbruch gesetzt.

War nun ausschließlich »Bestechung« das Mittel seines Erfolgs, wie man allenthalben lesen und hören konnte? Bewegte wieder einmal nur das Geld die Welt? Da kam doch ein bißchen mehr zusammen: Gerhard Schröder ist lange genug Ministerpräsdident gewesen. Er kennt die Länderfürsten, weiß, was sie umtreibt, weiß auch, wer wem gram ist und warum. Und natürlich ist er lange genug Politiker und rechnet sich aus, daß ihm die FDP gerne im regierenden Arm läge und daß man auch außerhalb Mecklenburg-Vorpommerns die PDS einmal als Partner brauchen könnte. Außerdem hat er den Beruf des Rechtsanwalts gelernt und ausgeübt. Da kann man einen Deal aushecken und sieht darauf, daß ein Partner, der etwas zugestanden hat, den Platz der Auseinandersetzung ohne Gesichtsverlust verläßt. Schließlich bringt Gerhard Schröder immer auch sich selbst ins Spiel, seinen Charme und alle Wendigkeit seiner Person. Mit einer »ungeheuren Präsenz« arbeitet er in solchen Gesprächen, die, wenn es dann um die Wurst geht, immer Vier-Augen-Gespräche sind. Auch zögert er nicht, Druck auszüben und sehr deutlich zu werden, sofern er anders nicht zum Erfolg kommt.

In den Verhandlungen während der Krise um das Frankfurter Bauunternehmen Philip Holzmann, als es darum ging, 70 000 Arbeitsplätze zu sichern, sagte er nicht nur eine staatliche Bürgschaft von 100 Millionen und 150 Millionen als Darlehen zu, er nahm auch die Banken in die Zange und drohte: Er werde sie öffentlich für das Scheitern des Rettungsversuches mit allen schlimmen Folgen verantwortlich machen. Doch daß er die Leute – sei es nun lockend oder erpressend – immer wieder zusammenbringt und zu Ergebnissen bewegt, hat hinter all diesen genau faßbaren Gründen auch mit Schröders Unbestimmbarkeit tun: mit der Gabe, sich jedem anzupassen, jedem nahe zu sein, jeden zu verstehen und sich jedem verständlich zu machen. Ja, er ist ein befähigter Verhandlungsführer, aber ein begnadeter Anverwandler ist er auch.

Und ein Spieler zudem, der den hohen Einsatz nicht scheut. Als es um die Entscheidung für den Austragungsort der Fußballweltmeisterschaft von 2006 ging, reiste er gegen den Rat seiner Leute nach Zürich, stellte sich neben Franz Beckenbauer, nur um stumm die Daumen zu halten. Er hatte die Chance, am Sieg des »Kaisers« teilzuhaben, im Falle der Niederlage aber wäre er mit ihm auf der Verliererseite gewesen.

Gerhard Schröder setzt gern auf Risiko und auf Gewinn. Wie hoch er seine Fähigkeiten als Spieler einschätzt, machte er am 10. Juni 2000 in einem Aufsatz für die erste Seite der *Frankfurter Allgemeinen Zeitung* bekannt. »Der eine und das Team« stand darüber. Im Text beschrieb der Autor den genialen Fußballer Matthias Sammer, der das Team »mit seiner Begeisterung und Leidenschaft zu Höchstleistungen« trieb. »Aber seine Qualitäten lagen nicht nur in seinem Temperament und Siegeswillen. Er war einer, der das Spiel ›lesen‹, der Situationen blitzschnell erfassen konnte ...«. Just so, will er uns sagen, wie der Bundeskanzler Gerhard Schröder das Spiel der Macht erfaßt.

Passion für den Grafen

Was er wohl an ihm liebt? Daß er ein Berufskollege und ein Mann der Wirtschaft ist, als der sich Gerhard Schröder ja auch versteht? Daß sie also ein bißchen wesensverwandt sind? Daß sich andererseits aber auch kein größerer Abstand der Herkünfte vorstellen läßt als der zwischen dem Kanzler, der als Kind eines Hilfsarbeiters auf die Welt kam, und Otto Graf Lambsdorff, dem Sproß eines Adelsgeschlechts. Doch gerade das kann natürlich auch – hinüber und herüber – eine Attraktion sein. Da kommt gewiß viel zusammen.

Wer Gerhard Schröder und Graf Lambsdorff beieinander sitzen sieht, wer beobachtet, wie sie sich Witze erzählen, der begreift auf alle Fälle, daß sie sich gut verstehen.

Sie respektieren sich und kennen sich ja auch schon lange aus der Arbeit im Aufsichtsrat von VW, wo sie an einem Strang zogen, um den Konzern nach vorn zu bringen. Da ist also etwas gewachsen, ein Quentchen Männerfreundschaft vielleicht; da stimmt die Chemie. Insofern ist es nicht weiter verwunderlich, daß Gerhard Schröder, in Kenntnis der Talente des Grafen und in Hochachtung vor seiner Erfahrung als Politiker und Anwalt, auf die Idee gekommen ist, den ehemaligen Vorsitzenden der FDP mit der Verhandlungsführung über die Entschädigung für ehemalige Zwangsarbeiter zu betrauen. Er wußte: der kann's. Andererseits war es doch erstaunlich, und die Kommentare fielen entsprechend aus, daß der Kanzler keinem aus dem eigenen Lager – Hans-Jochen Vogel etwa, dem ehemaligen Justizminister –, diese Aufgabe übertrug. Und natürlich brach sofort ein öffentliches Raunen darüber aus, was dieser Schachzug wohl zu bedeuten habe: daß Schröder die Fühler nach der FDP ausstrecke, daß er der Grünen überdrüssig sei, daß er sie disziplinieren und auf seine großartigen Alternativen hinweisen wolle. Da war gewiß etwas dran.

So mag am Anfang der erste Gedanke einem hochqualifizierten Helfer gegolten haben. Aber der zweite muß deshalb nicht falsch sein. Womit Sigrid Krampitz' These von Schröders Talent zum vernetzten Denken noch einmal eindrucksvoll bestätigt wäre – und dies nicht zum ersten und auch nicht zum letzten Mal. Die Strecke ähnlicher Einfälle ist lang: Walther Leisler Kiep von der CDU wurde als Sonderbevollmächtigter des Bundeskanzlers für Auslandsmissionen entdeckt. Das war vor der Spendenaffäre. Burkhard Hirsch vom linken FDP-Flügel hatte den verschwunden Akten in Kohls Kanzleram-

Ein Mittel von Gerhard Schröders Konsens-kunst: Er holt sich Sonderbeauftragte aus anderen politischen Lagern. Richard von Weizsäcker, Vorsitzender der Kommission zur Strukturreform der Bundeswehr, übergibt seinen Bericht. Otto Graf Lambsdorff wurde vom Bundeskanzler mit der Führung der Verhandlungen über die Entschädigung für ehemalige Zwangs-arbeiter mit dem stellvertretenden US-Finanzminister Stewart Eizenstat (links) betraut.

nachzuspüren. Richard von Weizsäcker leitete die Wehrstrukturkommission, die Empfehlungen zur Reform der Bundeswehr vorlegen sollte. Rita Süßmuth übernahm die Leitung der Einwanderungskommission. Gerhard Schröder rief, und alle, alle kamen.

Sie kamen, um sich – als *elder statesmen* oder weil sie in die Opposition abgedrängt waren – noch einmal an einer großen Aufgabe zu bewähren. Das trifft gewiß auf Graf Lambsdorff zu. Freilich hätte es für diese Arbeit auch keinen Besseren gegeben als ihn. Sie kamen auch, weil sie sich in der Pflicht der öffentlichen Moral fühlen. So mag Burkhard Hirsch gedacht haben. Sie kamen – und das könnte ein Motiv für die noch aktive CDU-Politikerin Rita Süßmuth sein, die sich viel Kritik mit ihrer Zusage einhandelte –, um nach dem Machtwechsel einen Statusverlust wettzumachen, also aus Eitelkeit. Wie dem auch sei: Dieses Herausbrechen Prominenter aus den anderen politischen Lagern, also Parteigrenzen zu überschreiten, sich diese und jene Sympathien zu sichern, aber auch: dem parteipolitischen Kontrahenten damit eins auszuwischen, ihn zu verwirren – das hat Methode. Und daß es immer die Unbequemen, die Querdenker sind, die er sich herauspickt, gehört offenkundig ebenso zu Gerhard Schröders Regierungsstil. Da knüpft er Verbindungen, da bahnt er Wege, da verpflichtet er sich diesen und jenen. Im Bedarfsfall hilft es ihm, einem Ziel näherzukommen. Und doch, und doch: Es ist nicht ausschließlich Taktik, ist nicht nur Berechnung. Das Übergreifende, auf Konsens Bedachte, alle Einbindende, dieses volktümlich Präsidiale an der Spitze einer Allparteienkoalition – es liegt ihm auch im Blut.

Der Mensch und sein Amt

Verwandlung zum Staatsmann light

An diesem letzten Juni-Tag des Jahres 2000 hat Gerhard Schröder viel zu tun. Frühmorgens schon ist der chinesische Ministerpräsident Zhu Rongji zu Gast. Die Gespräche ziehen sich bis in den späten Vormittag hinein. Ein Treffen mit der deutschen Wirtschaft und ein gemeinsames Mittagessen schließen sich an. Am Nachmittag steht eine Rentenkonsensrunde mit den Ministern Eichel und Riester und mit den Gewerkschaftsführern Ursula Engelen-Kefer und Roland Issen auf seinem Programm. Am Abend muß er sich bei einem offiziellen Essen mit Ehefrauen und Gästeschar im Bankettsaal des Kanzleramtes erneut dem Chinesen zuwenden.

In der Enge der Termine ist unser Gespräch zweifelhaft geworden. Aber dann findet er doch eine gute Stunde Zeit, um sich mit mir über seine Person, sein Amt und seine Politik zu unterhalten. Dabei sitzen wir am Clubtisch in seinem Arbeitszimmer, sitzen sehr niedrig und in großen schwarzen Ledersesseln. Der Kanzler nuckelt an seiner Zigarre, lehnt sich immer wieder weit zurück, wirkt trotz der vielen Termine schon wochenendhaft gelöst. Es ist Freitag, und am späten Abend wird er mit seiner Frau nach Hannover fliegen.

Gleichwohl hält er die kommenden anstrengenden Stunden von sich weg und spricht durchaus heiter über sich und seine Aufgabe. Da liegt es nahe, nach dem »Spaß« zu fragen, den er zu Beginn seiner Amtszeit als eine *conditio sine qua non* ins Gespräch gebracht hat.

Aber von »Spaß« will Gerhard Schröder, zwei Jahre nachdem er Bundeskanzler geworden ist, nichts mehr wissen. Das Wort, das er am Abend nach dem überraschend hohen Wahlsieg – 40,9 Prozent für die SPD als nunmehr stärkste Partei im Bundestag und 345 Mandate von 669 Sitzen für Rot-Grün – so unbedacht in den Mund genommen hat, hätte er im nachhinein am liebsten nie gesagt. Jetzt spricht er von »Freude« an der Arbeit. Heute weiß er, wie aufreibend dieses Amt ist, daß es »die ganze Person fordert«. Er weiß zudem, daß es »ohne Konkurrenz« ist. Was nicht mehr und nicht weniger bedeutet, als daß derjenige, der auf dem Stuhl des Kanzlers sitzt, von allem Politischen in dieser Republik das Schwerste zu tragen hat.

Das mußte er auch gleich zu Beginn seiner Amtszeit erfahren, als die Rivalität mit Oskar Lafontaine jede klare Linie verhinderte und Bodo Hombach das Kanzleramt aufmischte; als er und seine Mannschaft – unerfahren, wie sie allesamt waren – mächtig ins Trudeln gerieten: mit dem 630-Mark-Gesetz, mit dem Gesetz zur Scheinselbständigkeit, mit der Reform des Staatsbürgerschaftsrechts, mit etlichen Nachbesserungen zu diesem und jenem und mit Jürgen Trittins barschen Forderungen, die Atomkraftwerke per Gesetz lahmzulegen. Wieviel er sich da aufgeladen hatte, wurde ihm freilich erst richtig klar, als ausgerechnet er, ein Sozialdemokrat und Sohn einer Kriegerwitwe, plötzlich mit dem Ausbruch des Kosovo-Krieges zum ersten Mal nach dem Zweiten Weltkrieg dafür verantwortlich zeichnen mußte, daß deutsche Soldaten in Kampfhandlungen geschickt wurden. Spätestens von diesem Moment an fiel das Lebemännische von ihm ab, begann er sich zu verändern.

Das Amt zwang ihm einen Wandel auf. Keinen hat es bisher so gelassen, wie er vorher war. Helmut Schmidt wurde krank, Helmut Kohl unsagbar dick, Gerhard Schröder zunächst ganz starr. Während der ersten schweren Monate, als er völlig unerwartet aus dem Himmel der politischen Lieblinge des Landes in den Hades der Unpopularität abstürzte, sah man den sonst so lockeren und lebensfrohen Schelm Schröder nur noch marionettenhaft auf den Bühnen der Politik. Plötzlich fehlte dem zuvor oft als Bruder Leichtfuß geschmähten eben jene Leichtigkeit, für die er berühmt-berüchtigt war, und es fehlte ihm die Souveränität.

Als spiele er den Kanzler, und zwar schlecht, so trat er auf – unsicher, ungeschickt, unfrei und unfroh. Die Aufgabe schien eine Schuhnummer zu groß für den Provinzpolitiker, und das schnelle Scheitern seiner Regierung konnte nicht mehr fern sein, als der politische Gegner plötzlich aufholte, als die CDU im Februar 1999 in Hessen nach ihrer Kampagne gegen die doppelte Staatsbürgerschaft eine konservativ geführte Regierung bildete und die gestalterische Mehrheit von Rot-Grün im Bundesrat verloren ging; als die SPD bei den Europawahlen im Juni 1999 hinter der Union, die 7,3 Punkte zulegte, weit zurückblieb; als die Sozialdemokraten im September Saarbrücken an die Christdemokraten abgeben mußten; als sie in Sachsen mit 10,7 Prozent in den tiefsten Keller fuhren und in Brandenburg die absolute Mehrheit verloren. Schließlich drohte auch noch die Koalition an dem Streit über die Lieferung eines Leopard II-Testpanzers zu scheitern. Der neue Kanzler, kaum gewählt, schaute in den Abgrund.

Dann kam die Spendenaffäre der CDU, die das Blatt wendete, dann wurde deutlich, daß Hans Eichel im Amt des Finanzministers ein Glücksfall war, dann verabschiedete das Parlament Eichels Sparpaket, das sogenannte Zukunftsprogramm, dann setzte Gerhard Schröder mit der Rettung des Holzmann-Konzerns ein erstes Staunen machendes Zeichen. Noch immer aber, nachdem das Tief längst überwunden ist, sitzt der Schock ihm und seinen engsten Mitarbeitern in den Knochen. Überheblichkeit im Angesicht von Erfolgen liegt ihm sowieso fern. Daß es in der Politik auf und ab geht, daß einem Hosianna immer wieder das Kreuziget-ihn folgt, hat er schon zu oft erfahren; und daß er erneut die Sympathien verlieren könnte, ist ihm allzeit gegenwärtig: »Das mag morgen wieder so sein«, sagt er, wie traumatisiert von jenem Absturz.

Natürlich kokettiert er auch ein bißchen mit der vergangenen Misere, will kein König Polykrates sein, der auf seines Daches Zinnen steht, sich seines Glückes preist und ein nahendes Unheil nicht sieht. Hält er sich vielleicht das *Respice finem* gleichsam als Schutzschild gegen ein schlimmes Schicksal vor? Bloß kein Gottversuchen! Oder übt er sich womöglich in Bescheidenheit, um die Neider nicht herauszufordern? Wie dem auch sei, auf alle Fälle ist er nicht ungeschickt darin, seiner Macht einen Schuß Demut beizumischen.

Wem Gott ein Amt gibt, heißt es, dem gebe er auch Verstand. Leider trifft diese Weisheit nicht immer zu. Aber wahr ist wohl, daß sich die Anforderungen eines Amtes den Inhaber zurechtzurren, immer vorausgesetzt, da ist etwas vorhanden, das sich zurren läßt – also Charakter, Lernfähigkeit, Anpassungsfähigkeit, Gestaltungswillen und Kraft. Nun läßt sich gewiß zur Halbzeit einer ersten Legislaturperiode nicht feststellen, ob ein noch taufrischer Bundeskanzler einem Anspruch – auch seinem Anspruch – dauerhaft genügt. Aber ein paar Signale der Verwandlung in die gewünschte Richtung kann man durchaus erkennen.

So redet der neue Mann im Kanzleramt inzwischen in einer ernsthafteren Sprache. Wir hören nicht, daß er die Lehrer als faule Säcke beschimpft; auf populistische Sprüche wie jenen, in welchem er den Euro als kränkelnde Frühgeburt bezeichnete, wartet man vergeblich.

Älter, ernsthafter und erwachsener geworden: Verteidigungsminister Rudolf Scharping (links), Bundeskanzler Gerhard Schröder und Außenminister Joschka Fischer geben eine Pressekonferenz während des Kosovo-Krieges.

Gerhard Schröder versteht sich nicht mehr ausschließlich als sein eigener Propagandist. Der Versuchung, mit den Insignien der Macht, die ihm nun zur Verfügung stehen, hausieren zu gehen, widersteht er. Noch. Ganz bewußt sagt er: »Das Gepränge ist nicht meine Sache, und ich halte es auch für hinderlich.« Er ist nicht mehr der Medienliebling um jeden Preis, der er einmal war, der immer und überall und egal wie Aufmerksamkeit erregen mußte. Wichtiger ist ihm nun, Repräsentant einer Generation zu sein, die – obwohl er sich nicht zu den Achtundsechzigern zählt – »doch sehr stark von der Relativierung der vor sich hergetragenen Staatlichkeit beeinflußt ist«. So sieht er den Politikstil der Jüngeren. Den will er vorleben, will sich selbst »nicht zu wichtig nehmen«. Andererseits, und da wirkt sich doch Amtserfahrung aus, ist er dagegen, »den Staat seiner Repräsentationsfunktion völlig zu entleeren«. Das ist sein Programm: vom Spaßkanzler zum Staatsmann light.

»Ich muß mir und anderen nichts mehr beweisen«, hat er vor Jahren, als er noch Ministerpräsident war, einmal gesagt. Es war schon damals nicht die ganze Wahrheit. Sonst hätte er nicht nachgelassen in seinem Ehrgeiz, das mächtigste Amt zu erringen. Nun aber, nachdem er sein Ziel erreicht hat, stimmt der Satz erst recht nicht mehr. Denn der Kanzler muß etwas beweisen. Er muß beweisen, daß er regieren kann; er muß seiner Partei, muß den Bürgern der Bundesrepublik, muß den Kollegen und den Menschen in anderen Ländern beweisen, daß er das Amt zum Wohle aller ausfüllt. In diesem Anspruch liegt die Aufforderung, sich zu verändern, von sich selbst abzusehen und sich dieser großen Sache zuzuwenden. »Es wächst der Mensch mit seinen größern Zwecken«, heißt es im Prolog zu Schillers Wallenstein. Nur ein Ignorant, nur ein Bedenkenloser, nur ein gänzlich Unsensibler würde diese Aufforderung nicht spüren oder sich völlig darüber hinwegsetzen.

»Natürlich kann man in dem Amt versagen«, weiß Gerhard Schröder. Ludwig Erhard, zum Beispiel, ist darin früh gescheitert. »Das ist aber auch ein Amt, das halten kann«, schickt Schröder hinterher, »wenn man es vernünftig ausübt.« Und wer könnte bestreiten, daß es seinen Inhaber, weil es ihm das Beste seiner Möglichkeiten und Talente abverlangt, belebt? Neben dieser herrlichen Anspannung, neben dem fortwährenden Gefragtsein, neben der Chance, die Welt ein kleines bißchen besser zu machen oder es wengistens zu versuchen, und neben der Zufriedenheit, die daraus erwächst, verblaßt sogar der allerschönste Anfangsspaß.

»Wir haben verstanden« – dieses Bekenntnis plakatierte die Regierung Schröder, als sich die Wahlniederlagen häuften.

Damit war vor allem gemeint, daß er und seine Mitstreiter zu begreifen begannen, wie sehr die Wähler das Herumprobieren und Nachbessern verabscheuten. Sie wollten keine Versuchskaninchen sein, sondern regiert werden. »Verstanden« hat er selbst freilich vor allem, was man zwar vorher schon wissen kann, aber doch erst bei der Ausübung der Macht hautnah erfährt: welche Wirkungen die eigenen Worte und Taten haben, wieviel an einem hängt, wieweit man für das Wohl und Wehe anderer Menschen verantwortlich ist. In der ganzen Tragweite ist ihm das erst in der brodelnden Metropole Berlin richtig klar geworden – zum einen für den innenpolitischen Teil seiner Aufgabe, mehr noch für den außenpolitischen: »weil wir begriffen werden als ein nicht nur ökonomisch bedeutendes Land, sondern infolgedessen als ein politischer Faktor in der Welt«. Auch dieser Anspruch hat ihn ernsthafter gemacht.

Das vergißt man nie

Gerhard Schröder, Sohn eines Hilfsarbeiters und einer Putzfrau, bewegt sich nach Überwindung der starren Phase mittlerweile locker und souverän zwischen den Großen der Welt. So etwas lernt man schnell. Die Meister aus dem Auswärtigen Amt gaben ihm zu Beginn auch manche Anleitung. Außerdem findet er selbst keinen Grund, sich neben Bill Clinton oder Wladimir Putin unsicher zu fühlen, denn: »Die haben ja einen ähnlichen familiären Hintergrund.« Wahrscheinlich haben sie vergleichbare Eigenschaften kultiviert wie Gerhard Schröder.

Was also ist es, das man von solchen Herkünften mitbringt? Und was davon ist noch von Belang, wenn man in einem Amt wie dem des Bundeskanzlers angekommen ist? Nach seiner eigenen Einschätzung kommt da Dreierlei zusammen: »Einmal die Erfahrung, daß das Standhalten ein wichtiges Erfolgskritierium ist.« Also: sich nicht in die Defensive drängen lassen, sondern kämpferisch bleiben, an einem einmal angepeilten Ziel festhalten: »Wann immer ich mich davon abbringen ließ, war es falsch.« Das ist für ihn eine Erfahrung, die er sein ganzes Leben lang als Basis für den sozialen Aufstieg gemacht hat, auch »für den bildungsmäßigen Aufstieg oder für was auch immer«. Kämpfen zu müssen, hartnäckig zu bleiben, so schätzt er es ein, hat ihn geprägt, und daß er von Kopf bis Fuß just darauf eingestellt ist, vermag ihm hilfreich zu sein, »wenn man sich in bestimmten Machtstrukturen durchsetzen muß«.

Das ist das eine. Das andere aber nennt er »die vielleicht sehr unbewußte Fähigkeit, darauf zu achten, daß einem keiner zu nahe kommt, oder anders ausgedrückt: daß einem nichts weggenommen wird, was man sich erkämpft hat«. Manche aus seiner Partei, die Gerhard Schröder gut kennen, attestieren ihm in diesem Zusammenhang eine »Straßenkötermentalität«: Er beißt den, der ihm den Knochen aus dem Maul reißt, knurrt aber freundlich, wenn er gestreichelt wird.

Worin noch sieht er die Wirkungen seiner sozialen Herkunft? »Sie schafft Mitleidensfähigkeit mit Menschen, denen es schlechter geht«, versichert er glaubhaft. Ihm selbst ist es – zumindest in finanzieller Hinsicht – schlecht gegangen in seiner Kindheit und Jugend. Daran erinnert er sich auch als Bundeskanzler: »Das vergißt man nie. Und vielleicht ist es für die Arbeit, die ich jetzt mache, auch nicht ganz unwichtig.«

Als Gerhard Schröder das sagt, ist er 56 Jahre alt, da liegt es schon ein Vierteljahrhundert zurück, daß er sich aus dem Milieu seiner Herkunft gelöst, eine Hochschulausbildung erfolgreich abgeschlossen und als Rechtsanwalt niedergelassen hat. Danach ging es beruflich, vor allem aber politisch, trotz mancher Rückschläge nur bergauf. Ist ihm heute eigentlich noch gegenwärtig, welch weiten Weg er zurückgelegt hat? »Ja, das ist einem noch gegenwärtig, obwohl es einem natürlich nicht jederzeit präsent ist. Aber gelegentlich wundert man sich selber darüber – noch. Ich jedenfalls«, sagt der Bundeskanzler, und doch liegt in dem »man«, mit dem er diese Erfahrung erst einmal umschreibt, mehr als eine zeitliche Distanz.

Der Lindwurm und andere Bürden

Es geschah in Berlin, im ovalen Innenhof des Lindencorsos, wo sich normalerweise die schönsten Autos präsentieren. Dieses Mal, am Vorabend des SPD-Parteitags vom Dezember 1999, stellte sich die Politik aus. Gerhard Schröder, der Parteivorsitzende, hatte geladen, und alle, alle kamen, drängten hinein, drängelten sich auf drei Etagen, stauten sich vor

Unter Journalisten fühlt sich Gerhard Schröder ganz zu Hause und gleichzeitig »gnadenlos« beobachtet.

der Garderobe, kämpften vor jedem Imbißstand. Immer in Bewegung, vorwärts, rückwärts, um ja nichts zu verpassen, um nichts zu übersehen. Ein Lindwurm, der sich die Treppen und Galerien hinauf- und wieder herunterschlängelte, mit tausend und abertausend Augen, mit tausend und abertausend Ohren, mit tausend und abertausend Schlünden. Unten jedoch, auf dem Sockel des munteren Treibens, von allen Seiten und aus allen Stockwerken einsehbar, saßen der Bundeskanzler und seine Frau, mal scheel beäugt, mal bewundert, auf alle Fälle umtanzt, umgarnt, umschmeichelt, Schauspieler ihrer selbst.

Natürlich war es ihre Absicht, so begafft zu werden. Aber Doris Schröder-Köpf erzählt, daß sie auf diesem Präsentierteller keinen Bissen runter brachte. Und ihr Mann, der einmal den Beinamen eines Medienkanzlers trug, spricht inzwischen davon, seine Arbeit finde »unter einer gnadenlosen öffentlichen Beobachtung statt«. Die ist in Berlin – »angesichts der Konkurrenz unter den Medien« – härter geworden, als sie in Bonn war. Das ist einer der Gründe, warum er öffentlich darüber nachdenkt, daß es sinnvoll sei, nur eine begrenzte Zeit lang Bundeskanzler zu bleiben – »acht oder zehn Jahre, und das soll es dann auch gewesen sein«.

Ein zweite »Bürde«, die er zu tragen hat: Immer wieder muß er in Drucksituationen standhalten, muß bei seinen Vorhaben bleiben – gegen Kritik, gegen einbrechende Umfragewerte. Die verursachen ihm zwar schlechte Stimmung, um so höher aber schätzt er selbst seine Fähigkeit ein, »auch wenn es mal nicht so gut läuft, daran zu glauben, daß man auf dem richtigen Weg ist und daß man Kurs hält.« Diese Kraft, sagt er, braucht man als Bundeskanzler, und fast eine Spur zu selbstbewußt ergänzt er den Satz: »Es hat sich gezeigt, daß das vorhanden ist.« Vorerst, zumindest.

Ein weiterer Grund, das Amt des Bundeskanzlers nicht über Kohlsche Zeiträume hinweg auszuüben, ist nicht nur die »unglaubliche Anspannung, was Zeit und was Kraft angeht«. Es erfordert auch die Bereitschaft, Entwicklungen in der Gesellschaft aufzuspüren, angemessen darauf zu reagieren, sich Gedanken zu machen, was man nach vorne bringen will und was zu tun ist. Gerhard Schröder ist sich ziemlich sicher, daß diese Anstrengung »nach einer gewissen Zeit einiges an Substanz im Persönlichen kostet, und daß man dann die Frische und die Unbefangenheit verliert, welche die Menschen zu Recht erwarten«.

Verliert man aber nach Jahren, da man von ziemlich viel Ehrerbietung umgeben ist, auch die Bescheidenheit, die gebotene Demut vor dem öffentlichen Auftrag? Mit anderen Worten: Fühlt sich Gerhard Schröder gegen Kohlsche Entwicklungen gefeit? Gegen Selbstherrlichkeit und Beratungsresistenz? »Dagegen ist niemand gefeit«, gesteht er ein und gibt auch dies noch zu: »Ich glaube, daß nach 16 oder schon nach einem Dutzend Jahren jeder anfängt, sich für unentbehrlich zu halten und die Gefahr besteht, daß man sich entsprechend verhält.« Im Moment freilich wirkt er noch ganz natürlich und läßt doch, nicht ohne selbstkritischen Einschlag, einen kleinen Zweifel zu: »Woll'n wir mal sehen, wie lange das dauert.«

Freunde

Damit nicht eintrifft, womit er im Moment noch kokettiert, was er aber vielleicht doch insgeheim befürchtet – jene *déformation professionelle*, jene Verbiegung des Charakters durch die Macht –, erhofft sich Gerhard Schröder »solidarische Kritik« von Freunden, so wie er auch seine Mitarbeiter auffordert, nicht hinter dem Berg zu halten. Sie sollen seine Haltungen

Bewunderung für »eine unglaubliche politische Begabung«. Gerhard Schröder hofft, Bill Clinton auf den Bühnen der Weltpolitik wiederzusehen.

und Entscheidungen zurückspiegeln, sie sollen ihm die Wahrheit sagen, sie sollen auch dazu beitragen, daß seine Kenntnis vom Alltag in Deutschland einigermaßen frisch bleibt.

Zu diesen Freunden, im weitesten Sinne, zählt nicht zuletzt ein Kreis von Professoren und Intellektuellen, der mal in diese, mal in jene fachliche Richtung erweitert wird, von dem er sich auch Rat holt. Der Politikprofessor Oskar Negt ist einer aus dieser Runde; dazu gehören auch die Soziologen Ulrich Beck und Michael Schumann, der Philosoph Hubert Markl, die Literaten Günter Grass, Peter Schneider und Klaus Hartung. Der Regisseur Jürgen Flimm ist schon fast so etwas wie ein persönlicher Freund. Gelegentlich unterhält sich der Kanzler nicht ungern – wahrscheinlich als Restgröße aus den Spaßtagen oder aus seiner Existenz als Medienkanzler – mit Boris Becker, Thomas Gottschalk oder Marius Müller-Westernhagen, ohne daß er sie zu seinen Beratern rechnen würde. Sie repräsentieren für ihn das weltoffene Deutschland, als dessen Regent er sich so gerne sieht.

Selbstverständlich bespricht sich der Auto-Kanzler auch mit den Auto-Herren, mit Jürgen Schrempp, der schon seit Jahren auf ihn gebaut hat, und mit Ferdinand Piëch aus der Niedersachsen-Connection.

Die offensten Gespräche in diesem Reigen, von denen mit seiner Frau einmal abgesehen, führt Gerhard Schröder jedoch mit den Kumpels aus alten Hannoveraner Tagen, mit Götz von Fromberg zum Beispiel, dem Anwaltskollegen und besten Freund, oder mit ehemaligen Kommilitonen, mit Künstlern und Architekten. Diese Beziehungen pflegt er nicht nur aus Herzensgründen, sondern auch, »um noch andere Herausforderungen zu erleben, um mit anderen Lebensverhältnissen weiter Kontakt zu haben«. Von allen, mit denen er redet, will er nicht nur Zuwendung, Freundschaft, Kritik oder Bestätigung ernten. Er will von ihnen auch lernen: »Wenn man aufhört, das zu wollen, auch ganz bewußt, begibt man sich in die innere Isolierung. Der folgt auch bald die äußere. Man muß nicht Angst haben vor Politikern, die zugeben, noch etwas lernen zu können. Umgekehrt muß man Angst haben.«

Einen freilich darf der deutsche Bundeskanzler nicht zu seinen Freunden zählen, den er doch gerne unter ihnen sähe, den er bewundert – Bill Clinton, eine »unglaubliche politische Begabung«. Er ist ein Mensch, der Gerhard Schröder nach eigenem Eingeständnis »sehr liegt«, den er für »ungeheuer aufgeschlossen« hält und den er in Aachen, bei der Verleihung des Karlspreises, mit einem Du werbend umarmt hat: »Ich würde gern mit ihm bekannt oder befreundet sein«, sagt er und hofft auf spätere Erfüllung dieses Wunsches, hofft, den Amerikaner nach dem Ende seiner Präsidentschaft in irgendeiner Funktion auf den Bühnen der Weltpolitik wiederzusehen.

Doris, bayerisch

Es ist mittags um 13 Uhr in einer tristen Straße im Herzen Hannovers. Wir sind im Restaurant »Roma« verabredet, bei Lino, wo Gerhard Schröder seit dreißig Jahren verkehrt, nicht gerade ein Luxusrestaurant, eher einfach, ein bißchen eng, mit simplen Holzstühlen und Bänken ausgestattet. An den Wänden hängen äußerst zweifelhafte Ölgemälde, auf denen man, ganz beziehungsvoll, das Kolosseum zu Rom oder Stilleben mit südlichen Früchten sieht. Der Wirt schaut aus wie Karel Gott, stammt aber doch von der apenninischen Halbinsel. Und natürlich weiß er, was Doris Schröder-Köpf und ihre kleine Tochter, die Pferde malend und unendlich brav während unseres Gesprächs dabei sitzen darf oder muß, essen werden: Ruccolasalat mit Parmesan, später Spaghetti mit Tomatensoße. Dazu gibt es Coca Cola, alles zusammen eine ordentliche Grundlage für einen ergiebigen Gedankenaustausch.

Darin geht es natürlich in erster Linie um den Ehemann, der auch seine Frau, wie seine Freunde, zu den »Sicherungsmöglichkeiten« gegen ausbrechenden Übermut zählt: »Die nimmt sehr genau wahr, wenn man abzuheben droht.« Wie aber sieht sie ihre Rolle? Bespricht er sich mit ihr? Berät sie ihn? Schickt sie ihre Standpunkte auf öffentliche Wege?

Doris Schröder-Köpf hat einen unverfänglichen Begriff für den politischen Teil ihrer Rolle als Frau des Bundeskanzlers gefunden: Sie »begleitet« ihn. Das heißt: sie beobachtet, was er macht; sie nimmt Anteil; sie kritisiert ihn unter Umständen, aber nur intern, niemals öffentlich. Sie hält sich also zurück, obwohl es sie manchmal »kribbelt«, etwas zu sagen. Später erst, so hat sie sich vorgenommen, will sie, die bis zur Heirat mit Gerhard Schröder als Reporterin gearbeitet hat, ihre eigene Karriere wieder vorantreiben – nicht unbedingt als Journalistin, vielleicht als Medienberaterin.

Vorerst jedoch bescheidet sie sich, nimmt hin und wieder an einem offiziellen Essen teil, findet das unter Umständen auch ganz lustig, zum Beispiel, wenn sie beim Abendessen neben Prinz Philipp sitzen und mit dem alten Charmeur ein bißchen plaudern darf, und beschäftigt sich überwiegend mit dem, was nun mal das Feld prominenter Politikerfrauen ist: mit Wohlätigkeit. Als alleinerziehende Mutter, die ganz offensichtlich sehr an ihrer Tochter hängt und vielleicht auch ganz froh ist, mit ihr wenigstens formal wie in einer richtigen Familie zu leben, interessiert sie sich allem voran für das Wohl gefährdeter Kinder und sammelt Geld: für eine Drogentherapiestation in Hannover, für ein Wohnprojekt zur Entgiftung drogenabhängiger Jugendlicher und für das bundesweite Sorgentelefon »Nummer gegen Kummer«.

Auch der Bundeskanzler braucht einen Menschen, an dem er sich festhalten kann: Gerhard Schröder und seine Frau Doris Schröder-Köpf auf dem Pariser Platz vor dem Brandenburger Tor.

Bei der Organisation all dessen, was sie tut und schreiben muß, hilft ihr eine Halbtagskraft, die im Kanzlerbüro ihren Arbeitsplatz hat. Doch sie selbst ist eher ausnahmsweise in Berlin, und sie sieht ihren Mann, für den sie die Eigenständigkeit und den spannenden Alltag in einer großen Redaktion aufgegeben hat, sehr wenig. Allenfalls trifft man sich am Wochenende, aber auch das nicht immer. Niemals kommen da zwei Tage am Stück zusammen. Meistens nimmt ihn irgendein Parteitermin in Anspruch. Und wenn er dann nach Hause kommt, ist es genau so, wie man sich das ausmalen kann. Dann ist der Regierende erst einmal müde, dann will er auf keinen Fall gleich reden, dann muß er abspannen und auspannen. Erst langsam taut er auf und wird wieder gesprächsfähig.

Es ist gewiß ehrenvoll, die Frau des Bundeskanzlers und plötzlich prominent zu sein; es ist – wenn man von Gefühlen einmal absieht – dennoch auch ein Los, sich die Ehe mit einem älteren Mann anzutun, dessen Leidenschaft der Politik gehört und der immer, wenn er sich zwischen Politik und Privatleben zu entscheiden hat, die erste Option vorziehen muß. Auf der anderen Seite ist es sehr gut zu verstehen, daß sich ein Mann wie Gerhard Schröder mit einer jungen hübschen Frau verbindet, erst recht, wenn sie, wie diese hier, Verstand hat und ihr Maß findet. Das schmückt, das ist dann noch einmal ein Nest – neben dem Niedersachsen-Nest im Kanzleramt –, wo er sich ab und an ein bißchen einkuscheln kann. Da findet er ein Gefühl von Heimat, das ihn hält, da hat er eine Anlaufstation, ein Relais, um sich rückzukoppeln und in seinem außerordentlichen Dasein immer wieder einen Rest von Normalität zu erfahren.

Auch wenn es nicht ganz leicht fällt, sich den Bundeskanzler als »Spatzl« oder »mein Schatz« – wie sie ihn nennt – von Ehefrau Doris vorzustellen, so ist doch begreiflich, daß die Macht einem Mann nicht alles gibt. Darin ist Gerhard Schröder wahrscheinlich bedürftiger als Helmut Schmidt und Helmut Kohl, seine beiden Vorgänger. Dieser Kanzler will nicht gefürchtet, er will eher geliebt werden. »Aber er erwartet es nicht von allen«, sagt seine Frau.

Was aber schätzt sie selbst an ihm? Daß er so verträglich und menschlich großzügig ist, bekennt Doris Schröder-Köpf. Sie bewundert seine Kraft, die Fähigkeit einzustecken, seine Bereitschaft, den Menschen Freiraum zu lassen, und sie staunt nicht zuletzt über sein Talent, die Dinge wie ein Schachspieler zu Ende zu denken. Sie selbst würde, so glaubt sie, immer zuerst spontan reagieren. Dabei ist sie doch eine kontrollierte und kluge junge Frau. Zerbrechlich wie eine Elfjährige sieht sie aus, aber im Nu verdrückt sie eine gewaltige Portion Spaghetti, den Pott mit Rucola-Salat und ein Glas mit Erdbeeren zum Nachtisch. Ihre Ehe hat sie – und dies keineswegs nur zu ihrem Vergnügen – prominent gemacht. Doch sie will sich ganz bewußt nicht wichtiger nehmen, als sie ist. Doris Schröder-Köpf, von Gestalt eine Kindfrau, ist eine handfeste, wirklichkeitsnahe bayerische Person. Ihren Part an der Seite des Kanzlers versteht sie als weit nachgeordneten Teil seines Amtes, versteht ihn als einen Dienst. Und da es im Moment sonst keinen Lorbeer zu ergattern gibt, wäre es ihr nicht unrecht, wenn man über ihre Arbeit sagen würde: »Sie macht das nicht schlecht.«

Der kompatible Kanzler

Regiert im Gespräch und durch das Gespräch

Es war im Frühsommer des Jahres 2000, einer dieser warmen, lächelnden Tage, als Gerhard Schröder wieder einmal aus der Abgeschiedenheit des Herrschens ausbrechen und ins normale Leben eintauchen wollte. Das braucht er doch ab und an, um Luft zu holen, um sich als freier Mensch zu fühlen, was er natürlich nicht ist, braucht es auch, um sich von ganz normalen Leuten einen guten Tag wünschen und ein Quentchen Zuwendung schenken zu lassen. Dabei weiß er, daß solche Freundlichkeiten, wenn sie denn gewährt werden, durchaus mehr dem Amt als dem Manne geschuldet sind. Trotzdem stürzt er sich mit Wonne und fast kopfüber aus der Bedeutung in die Bewirtung – zum Beispiel die des Italieners »Trenta sei« am Berliner Gendarmenmarkt. Der Mächtige als Mensch unter Menschen. Kohl hat das auch gemacht. Für den Bürger ist so ein Mittagessen alltäglich, der Regierende aber, weil es nur selten geschieht, genießt das Alltägliche als Erlebnis.

An jenem Frühsommermittag also saß Gerhard Schröder beim Mahle. Ein junger Akademiker, einen Packen wertvoller Bücher bei sich, war auf die gleiche Idee gekommen und widmete sich am Nebentisch seinen Spaghetti. Wie es einem beim Essen gelegentlich widerfährt, verspürte der junge Mann bald ein menschliches Rühren, fürchtete aber um seine wertvollen Lektüren, wenn er sie unbeaufsichtigt am Platze zurückließe. Vielleicht redete er sich diese Furcht auch nur ein, päppelte sie auf, um einen Vorwand zu haben, die Bände zu packen, sie

neben Gerhard Schröder auf einen freien Stuhl zu legen und zu fragen, ob der Herr Bundeskanzler so freundlich wäre, darauf aufzupassen, solange er mal kurz draußen sei.

Hätte es irgend jemand gewagt, dem angebeteten Visionär Willy Brandt diese banale Frage zu stellen? Sich einen Scherz mit ihm zu erlauben? Hätte man, vorausgesetzt, der wäre zum Italiener essen gegangen, Helmut Schmidt, den hanseatisch kühlen und auf Abstand bedachten Kanzler, so angesprochen? Oder hätte man sich derart nahe an den massigen Mann Kohl herangetraut? Wohl kaum. Bei Gerhard Schröder aber, der selbst so gerne provoziert und, wenn es irgend möglich ist,

Gerhard Schröder spricht die Sprache aller Klassen und Interessen: der »Kaiser« und sein Kanzler; der Kanzler und sein Dichter.

keine kesse Bemerkung ausläßt, darf man das gefahrlos wagen. Er schüchtert nicht ein, gibt sich als Jedermann trotz seines mächtigen Amtes in der Politik. Und als gäbe es nichts Selbstverständlicheres auf der Welt, schaute er an jenem Mittag erst amüsiert auf, legte dann seine Hand auf den Bücher-Stapel, sagte ein Geht-in-Ordnung und wandte sich wieder seinen Leuten und seiner Pasta zu.

Was ist schon dabei? Der Bürgerkanzler in der Mittagspause. Mahlzeit? Mahlzeit. Ein Tischgenosse, der noch nichts ausstrahlt von der Arroganz der Macht und allenfalls nach einer vergleichbaren Langzeitkanzlerschaft Kohlsche Entwicklungen vor sich hätte, einer wie du und wie ich.

Gerhard Schröder kann mit jedem, er kann auch mit jedem reden, und jeder, wenn's der Sache dient, darf reden mit ihm. Dieser Bundeskanzler – darin Kohl nicht unähnlich, aber viel beweglicher, anpassungsfähiger und weitaus leichtfüßiger über alle Parteigrenzen hinweg – regiert im Gespräch und durch das Gespräch. Und weil er, von ganz unten kommend, so viele Schichten unserer Gesellschaft und der Politik durchmessen und erlebt hat, weil er alle kennt, kennt er auch ihre Sprachen: die Sprache der Genossen, die Sprache der Bosse, die Sprache der Gewerkschaften, die Sprache der Parteien und die Sprache der Advokaten – die nicht zuletzt.

Denn Advokat zu sein, das war einmal sein Beruf. Da weiß man, wie man in einem widerspenstigen Lager einen Sprengsatz zündet, da läßt man sich etwas einfallen, um zögerliche Mandanten und ihre Kontrahenten mit diesem und jenem Zuckerbrot zu Kompromissen zu bewegen; da ist man, wenn man es ist, ein Meisters des Vergleichs; und da hat man Erfahrung im Schreiben von »Binnenbriefen« – »wenn Sie nicht binnen ..., dann ...«. Auch solcher Künste wegen ist in der Bundesrepublik zur Halbzeit nach dem Machtwechsel von

Helmut Kohl zu Gerhard Schröder unter anderem der Atomausstieg beschlossen, wenn auch für spätere Jahrzehnte, und die langersehnte Steuerreform verabschiedet, der Reformstau also aufgehoben worden. Der Trickreiche im Kanzleramt, der sich auf jede Augenhöhe einstellen kann und die Dialekte aller Klassen und Interessen beherrscht, hat's möglich gemacht.

Er beansprucht die Mitte nicht nur, er ist die Mitte, Deutschlands Schaltzentrale, das nationale Internet; er stellt jede Verbindung her, er verknüpft, verknotet, umarmt, wickelt ein, sitzt mit jedem – sitzt sogar mit der PDS, wenn's sein muß – wie bei seinem Italiener am Gendarmenmarkt zu Tisch. Gerhard Schröder ist rundum kompatibel. Und wer in seinem Dauer-Talk um Atomkonsens, Steuer- oder Rentenreform nicht mitreden oder mithören will, der muß fühlen. Zumindest jetzt, zur ersten Halbzeit von Rot-Grün im Bund, da seine Partei noch mitspielt und ihm das Glück – Fortüne nennt man es in der Politik – noch über alle Maßen freundlich lacht.

Bildnachweis

Associated Press,: 2, 65, 137
dpa: 51, 95, 106 o., 142
Presse- und Informationsamt der Bundesregierung,
Bundesbildstelle: 15, 18, 21, 25, 28, 36, 27, 40, 44, 62 u., 63 (3), 760., 77, 88, 99, 106 u., 107 (2), 112, 121, 129 u., 149, 156, 157
Ullstein Bilderdienst: 26, 35, 48, 59, 62 o., 76 u., 98, 101, 120, 129 o., 145